JN077752

仕事は個性で決まる

相手の個性に合わせて
仕事をすれば、すべてうまくいく

弦本將裕／辻盛英一

あさ出版

個性心理学をビジネスで活かすとこんなことが…

- 職場の人間関係が良くなり、ストレスが軽減される。
- 職場でのコミュニケーションが円滑になり、雰囲気が明るくなる。
- 部下との接し方がわかるため、部下からも慕われる。
- 部下やチームの目標設定の仕方がわかり、やる気を起こすことができる。
- 上司と部下の相性がわかるので、人事異動、組織作りがより良いものになる。
- 会議や稟議《りんぎ》の際、相手に伝わるプレゼンができるため、自分の意見が通りやすくなる。
- 採用面接時に個性を引き出す会話ができ、その上で判断できる。
- 運気や能力のある人材を採用することができる。
- 顧客、取引先の満足度を飛躍的に上げることができる。
- 相手の心理がわかるため、営業をかけるタイミングがわかる。
- 商談の際、相手の心に響く提案、営業ができる。
- 相手を不快にさせることがなくなる。
- トラブルが起きた際も、相手の心理を踏まえた対応ができるため、問題解決がスムーズにいく。
- 何より業績が伸びる！

など

個性心理学とは……
個人の「取扱説明書《トリセツ》」！

個性心理学とは、人間の個性を12種の動物に当てはめ、さらに60分類のキャラクターに細分化させることで、誰にでもわかるイメージ心理学として体系化したものです。

12種の動物

狼・こじか・猿・チータ・黒ひょう・ライオン・虎・たぬき・子守熊《コアラ》・ゾウ・ひつじ・ペガサス

東洋最古の占学である「四柱推命《しちゅうすいめい》」、および密教の経典の一つである人間関係の秘法「宿曜経《しゅくようぎょう》」に基づき、それらに社会心理学的解釈を加えて、まったく新しい学問として体系化し、太古の英知を今日から使える21世紀の心理学「個性心理學®」として、本書の著者である弦本將裕が現代に甦らせました。

人種や国籍が違っても、言葉が通じなくても、動物キャラクターに置き換えることでその人の個性がわかるため、個性心理学のキャラクターを知ることは、相手の「取扱説明書」を読んでいるのと同じというわけです。

相手のことがわかれば、コミュニケーションに悩むこともなくなります。

コミュニケーションツールとして不可欠なものと言えるでしょう。

※「個性心理學」は、登録商標です。

個性心理学では、より細かく個のキャラクターを知るために、
60分類にしていますが、本書では、12分類でお話ししています。

太陽	㊸	感情豊かな黒ひょう
灯火	㊹	情熱的な黒ひょう
山岳	⑤	面倒見のいい黒ひょう
大地	㊻	気どらない黒ひょう
海洋	㊾	束縛を嫌う黒ひょう
雨露	㊿	落ち込みの激しい黒ひょう

子守熊 KOALA

太陽	㉝	活動的な子守熊
灯火	④	フットワークの軽い子守熊
山岳	㊺	サービス精神旺盛な子守熊
大地	⑯	コアラのなかの子守熊
海洋	㊴	夢とロマンの子守熊
雨露	⑩	母性豊かな子守熊

大樹	㊿①	我が道を行くライオン
草花	52	統率力のあるライオン
鉱脈	57	感情的なライオン
宝石	58	傷つきやすいライオン

ゾウ ELEPHANT

大樹	㉛	リーダーとなるゾウ
草花	⑫	人気者のゾウ
鉱脈	㊲	まっしぐらに突き進むゾウ
宝石	⑱	デリケートなゾウ

太陽	㊸	動きまわる虎
灯火	54	楽天的な虎
山岳	55	パワフルな虎
大地	⑥	愛情あふれる虎
海洋	㊾	ゆったりとした悠然の虎
雨露	60	慈悲深い虎

ひつじ SHEEP

太陽	㉓	無邪気なひつじ
灯火	⑭	協調性のないひつじ
山岳	㉟	頼られると嬉しいひつじ
大地	㉖	粘り強いひつじ
海洋	㉙	チャレンジ精神の旺盛なひつじ
雨露	⑳	物静かなひつじ

大樹	㊶	大器晩成のたぬき
草花	②	社交家のたぬき
鉱脈	㊼	人間味あふれるたぬき
宝石	⑧	磨き上げられたたぬき

ペガサス PEGASUS

大樹	㉑	落ち着きのあるペガサス
草花	㉒	強靭な翼を持つペガサス
鉱脈	㉗	波乱に満ちたペガサス
宝石	㉘	優雅なペガサス

個性心理学 12 の動物キャラクター

狼　WOLF

太陽	⑬	ネアカの狼	
灯火	㉔	クリエイティブな狼	
山岳	㉕	穏やかな狼	
大地	㊱	好感のもたれる狼	
海洋	⑲	放浪の狼	
雨露	㉚	順応性のある狼	

こじか　FAWN

大樹	⑪	正直なこじか	
草花	㉜	しっかり者のこじか	
鉱脈	⑰	強い意志をもったこじか	
宝石	㊳	華やかなこじか	

猿　MONKEY

太陽	③	落ち着きのない猿	
灯火	㉞	気分屋の猿	
山岳	⑮	どっしりとした猿	
大地	㊻	守りの猿	
海洋	⑨	大きな志をもった猿	
雨露	㊵	尽くす猿	

チータ　CHEETAH

大樹	①	長距離ランナーのチータ	
草花	㊷	足腰の強いチータ	
鉱脈	⑦	全力疾走するチータ	
宝石	㊽	品格のあるチータ	

黒ひょう　BLACK PANTHER

ライオン　LION

虎　TIGER

たぬき　TANUKI

あとは、自分の動物キャラクターと相手の動物キャラクターの特徴、関係性、どうやったら喜ぶかなどを本書で押さえ、コミュニケーションをとる中で実践していくのみです。

相手の誕生日がわからない場合は、「動物占いのキャラクターは何ですか？」と尋ねると、意外と知っていて教えてくれるかもしれません。

なお、誕生日や動物占いのキャラクターを教えてもらうのが難しい場合は、本書で紹介している人間の個性の特徴のうち、相手がどのタイプのキャラクターの特性がより強くみられるか照らし合わせ、コミュニケーションの際に実践してみましょう。うまくいくようなら続け、あまり芳しくない場合は、再度照らし合わせ調整していきましょう（詳細後述）。

自分の個性を知り、

相手の個性を知ることで、

一緒により良い関係を築くためにすべきこと、

気をつけるべきことが見えてきます。

どんどん活用して、

皆でWIN-WINになりましょう。

動物キャラクターの見つけ方

本書を読む前に、あなたの動物キャラクターが何かを知りましょう。

手順

1 **左のQRコードを読み取る。**

※読み取れない場合は以下にアクセス
http://smart.60chara.jp/

2 **「あなたの動物キャラは?」に生年月日の数字を入れる。**

例：19760507

3 **入力したら「Q」をクリックする。**

4 **動物キャラクター詳細診断ページへ移動する。**

5 **自分が12種類のうちのどの動物キャラクターかを把握する。**

6 **同様の手順で、あなたの周りの人の動物キャラクターが何かを知りましょう。**

はじめに

個性心理学は、これからの時代を生き抜くキャラクターナビゲーション

どこにいても、「人」の悩みは必ず付いて回るものです。

私は大学を卒業してから、生命保険会社に入社しました。従業員が5万人くらいの大きな会社でしたが、定期的に人事異動があり、現場では「今度来る支社長はどんな人なのか」「前任はこうだったけど、この人はどうか」といったことが常に話題になっていました。

また、得意先でも、多くの経営者が社内の人間関係に悩んでいる様を見聞きしてきました。

こうした日々の中で、どんな環境にあっても、どんな立場にあっても、誰もが人間関係に悩んでいるのなら、それに特化したビジネスをしたいと考えるようになったのです。

そこで、1997年4月に個性心理學研究所を立ち上げました。千年以上の歴史と一億人以上のデータを分析してきた「世界最大の統計学」と言われる四柱推命をベースに、世界で初めて人間の個性を12の動物キャラクターに置き換えて、生年月日を調べるだけで誰でも使えて、あらゆる人が楽しめる「個性心理学」として発表したのです。

それから四半世紀、個性心理学の本はいずれもベストセラーに名を連ね、経営者の方々から相談を受けたり様々なジャンルの企業から「個性心理学を取り入れたい」とオファーをいただいています。人事、採用のみならず、パワハラやいじめ、離職をどう食い止めるかといった様々な人間関係の問題においても、この心理学は大きな力を発揮するからです。

特に近年は、導入している企業は総じて3割ぐらい売り上げが伸び、離職率が低下しているという実績から、多方面から注目を浴びており、企業だけでなく、病院、学校といった職場でもこの心理学が導入され、大きな成果を上げています。また、現在、個性心理学は日本だけでなく、世界14カ国で展開しています。人と人が介在する場である限り、個性心理学は大きな力を発揮できるのです。

様々な企業の経営者から相談を受けているうちに、彼らの悩みは3つしかないことがわかりました。

お金、健康、人です。

その中で全員に唯一共通しているのが、人間関係の悩みです。

人間関係について悩んでいない経営者に私は会ったことはありません。たぶん、本著を読んでいる経営者、管理職の方々全員が悩んでいることでしょう。

また会社が安定していても、家庭は夫婦喧嘩が絶えず、子どもが非行に走ってしまうなど、家族という単位が幸せでないと良い仕事はできません。恵まれた収入があっても、家庭が崩壊していては何の意味もありません。独身であっても、プライベートの人間関係が充実していなければ、仕事に差し支えることもあるでしょう。

個性心理学は職場、学校、家庭まで、人が介在するすべての場での人間関係において、誰でも、今すぐに活用できる心理学です。

なぜなら、その根底には人間一人ひとりの個性を認め、お互いに理解し合って、つながり合うという「競争」ならぬ「共創」の精神があるからです。

個性心理学を「動物占い」と言って、軽く見る人がいます。けれども、みんなで共有できるからこそ、誰にでも活用でき、大きな効果を生み出すことができるのです。

海外では個性心理学は「キャラナビ」と表現されています。つまり、カーナビゲーション（カーナビ）ならぬキャラクターナビゲーションです。初めて訪れた土地で、カーナビのない車がどの道を行けばいいかわからないのと同じく、これからの新しい時代は、キャラナビなくして私たちが迷わず進むことはできません。

地図でいちばん大事なのは、今、自分がどこにいるかを把握することです。現在地点が示されないカーナビの案内画面は、ただの模様でしかないでしょう。

個性心理学も同じです。

まずは自分の「個性（動物キャラクター）」を知ることから始めます。

次に、今、自分が置かれた環境においてどんな「個性」の人々に囲まれて、どのような関係を築いているのか、問題点は何か、といったことを一つひとつ見きわめます。そうすることで、様々な「個性」の人たちとつながり合い、協力し合いながら、共に前に進んで行くことができるようになるのです。

個性心理学をビジネスや実生活の中に取り入れて、多様な「個性」の持ち主たちが共存・共創できる新たな世界へ、一歩踏み出してみてください。

個性心理學研究所・所長　弦本將裕

個性心理学は「動物占い」として気軽に導入でき、驚くべき効果を発揮するビジネススキル

「動物占い？」

これが個性心理学に出会ったときの、私の偽らざる感想でした。

当時勤めていた保険会社の上司から紹介され、「コミュニケーションツールの一つに使ってみようかな」くらいに最初は考えていたのですが、ほどなく、ビジネスの現場で「使える」ことに気づきました。

実際、個性心理学を営業に応用し、自分とお客様の相性に合わせた営業を心がけた結果、保険の世界で数々表彰され、タイトルを獲得し、13年連続でトップの成績を収めることができました。

「個性心理学」のリアリティにすっかり魅了された私は、講師資格まで取得し、自分なりに検証を続けました。するとこの心理学が「占い」というよりも、膨大な統計に基づいた「科学」、バースデーサイエンスであることがわかったのです。

某大学の硬式野球部の監督をしていた私は、チーム運営にも個性心理学を取り入れてみることにしました。練習の仕方からチーム編成、試合での選手起用のタイミングなど、実際の「勝負の場」で活用したところ、チームはみるみる強くなり、実に24年ぶりのリーグ優勝を果たすことに。選手の頑張りはもちろん、個人的には、「個性心理学が確かな統計に基づいたサイエンスである」ことを実感する結果になりました。

生命保険のお客様（私の場合は法人がほとんどでした）から相談されることは、保険のことだけに限りません。

行き着くところはいつも、人の問題、お金の問題、健康の問題……この3つです。

お金の問題は、元々銀行員だったので、自分なりの解決策の提案をすることができました。健康の問題は、良いお医者様や医療機関を紹介したりすることもできます。

ところが人の問題は、

「どんな人を採用したらいいのか？」

「離職はどうしたら防げるのか？」

いろいろと聞かれても、解決する方法がまったくわかりません。

そこで個性心理学を学び始めていた私は、「生年月日だけ教えてください」と相談を受けた相手に依頼しました。「動物占い」と言うと信用されないと思ったので、「占いのような手法で、相性を見てみます」とだけ言って調べたのです。

それぞれの「個性」に基づいたアドバイスをしていると、「会社の人間関係が良くなってきた」という話を少しずつ耳にするようになりました。それどころか、「集客や売り上げも今まで以上に上がった」という感謝の声も増えてきたのです。

確実に成果が出たところで「実は、使ったのは動物占いで、個性心理学というものです」と種明かしをしたところ、組織作りや社員教育などに個性心理学を取り入れる企業が増えていきました。本人、上司、部下の「個性」を調べ、「こんなふうに接すればいい」に沿って動いたことで、「これまでのギクシャクしていた人間関係が大きく改善されました」と驚きの声をいただいています。

もっと多くの人に活用していただき、もっと心地良く仕事をして、幸せな人生を送ってほしい、そう思うようになった私は、個性心理學研究所の所長であり、この学問の創始者である弦本將裕先生と共著という形で、ビジネスに役立つ個性心理学の本、つまり本書を書かせていただくことにしました。

本書は、弦本先生が個性心理学の基本的な法則を執筆し、私は実際のビジネスの現場における活用例を担当するという構成になっています。

個性心理学を導入した現場では、人間関係が大きく改善しています。統計学に基づいているので、確かな結果を導き出すことができます。これまでの実績も十分にあります。

特に職場での人間関係で悩んでいる人は、本書を手に取り早速実践してみてください。自分や周囲にいる人たちの「個性」と相性を知ることによって、悩みのほとんどがたちどころに解消してしまうことに驚かれることでしょう。

辻盛英一

個性心理学とは……個人の「取扱説明書《トリセツ》」！　2

個性心理学12の動物キャラクター　4

動物キャラクターの見つけ方　6

はじめに

個性心理学は、これからの時代を生き抜くキャラクターナビゲーション
個性心理學研究所・所長　弦本將裕　8

個性心理学は「動物占い」として気軽に導入でき、驚くべき効果を発揮するビジネススキル
辻盛英一　12

Chapter 1

なぜ今、個性心理学がトップ企業で採用されているのか

01　個性心理学がビジネスに欠かせない理由　24

02 占いは本当にビジネスに使えるのか？ 30
03 個性心理学は誰にでも応用できる 34
04 個性の相性には「ジャンケンの法則」がある 38
05 個性心理学でビジネススキル＆成果が上がる理由① 人間関係に効く 42
06 個性心理学でビジネススキル＆成果が上がる理由② プレゼンが通りやすくなる 46
07 個性心理学でビジネススキル＆成果が上がる理由③ チーム作りに生かせる 50
08 リモートワークにも使える個性心理学 55

Chapter 2

個性心理学を使った対人スキルで仕事がうまくいく

01 個性心理学はあらゆるビジネスシーンで活用できる 60

02 社内での活用法①
従業員が辞めなくなり、生産性が上がる方法 64

03 社内での活用法②
上司や同僚の個性を理解し、社内稟議書や企画書をスムーズに通す方法 68

04 社内での活用法③
従業員の帰属意識を高める方法 72

05 お客様に対する活用法①
お客様にリピーターになっていただく方法 76

06 お客様に対する活用法②
お客様の個性を理解し、
かけるひと言で売り上げを2倍に伸ばす方法 80

07 お客様に対する活用法③
お客様の個性に合わせてサービスを提供する方法 84

08 まだある！ こんな活用法①
キャラクター別ターゲティングで広告効果を上げる方法 88

09 まだある！ こんな活用法②
個性心理学という統計学で集客ルールを作る方法 92

Column 1 個性は遺伝しない 98

Chapter 3

動物キャラクターで自分と相手の個性を知る

01 個性心理学は「人間」を深く理解するための図鑑である 100

02 性格は「MOON」「EARTH」「SUN」の3つに分けられる 108

03 12の動物キャラクターの特徴と有名人 118

我が道を貫きトップを目指す自信家 狼 120

純粋な心で世の中を見つめる、愛される存在 こじか 122

短期決戦で勝負！ 明るく器用な人気者 猿 124

野心と成功願望が強い超ポジティブな人 チータ 126

繊細ながら、抜群のセンスを武器にチームを引っ張る 黒ひょう 128

誇り高き完璧主義者。出世街道を突き進む ライオン 130

いつでも熱く本音を語る、包容力ある人情派 虎 132

根っからの愛嬌の良さで場を和ませる貴重な存在 たぬき 134

長期的視点でコツコツと努力を積み重ねる堅実派 子守熊《コアラ》 136

やると決めたら最後までやる必殺仕事人　ゾウ　138
協調性が高く、気配りのできるサポート役　ひつじ　140
誰にもまねできないユニークな発想で魅了する　ペガサス　142
04　行動パターン2分類「目標指向型」と「状況対応型」　144
05　心理ベクトル2分類「未来展望型」と「過去回想型」　153
06　思考パターンは「右脳型」と「左脳型」の2つに分かれる　158
Column 2　『杉の木の両親と松の木の子ども』　162

Chapter 4

組織作りに「個性」の分析は欠かせない

01　営業マンのための個性心理学　164

02 5期10種の運気を味方にする 167
03 経営者のための個性心理学 176
04 リーダーの最初の仕事はチームのメンバーの「個性」を知ること 181
05 リーダーは、チームメンバーの意見を公平に聞く&聞き方を変える 188
06 幹部こそ、個性と相性が大事 192
07 自分の個性を会社の経営戦略と掛け合わせる 197
08 個性を認め合うと相手の良いところしか見えなくなる 201
付録 個性心理学を導入した事例9 205
エピローグ 215

イラスト/©個性心理學研究所
本文デザイン/北路社

Chapter 1

なぜ今、個性心理学がトップ企業で採用されているのか

辻盛英一

01 個性心理学がビジネスに欠かせない理由

○個性心理学はビジネスの「営業、人事、採用」に使える

ビジネスは100%人と人とのつながりです。

一人ひとりの個性や癖を理解せずにビジネスをすることは「ほぼ罪です」という言い方を私はしています。相手に対しても失礼ですし、そもそも人を理解せずビジネスをしてもうまくいくはずがありません。

仕事を一緒にする仲間たちや、物やサービスを買ってくださるお客様……ビジネスは、すべて人と人のかかわり合いで成り立ちます。つまり、自分がかかわる人たちの個性を知ることは、ビジネスを成功させる上でいちばん重要なことなのです。

たとえば、営業の仕事をしている人なら、「この人には売れない」「この人には売れる」

と感じたことが誰でもあると思います。「どうしてこの人には売れないのだろう？」と疑問に思ったら、相手の「個性（動物キャラクター）」を調べてみてください（6ページ）。あなたの苦手とする個性の人であるか、相手の性格（個性）に合わない営業の仕方をしている可能性大です。

合わない相手から、また、好みでない説明を受けて物を買う人はいませんよね。だから「売れない」のです。

個性心理学では人間の個性を12の動物キャラクターに分けます（4ページ）。さらに、その特徴から次の3つのグループに分類することができます。

人間関係を重視するMOON（月）グループ、地に足の着いた現実主義者のEARTH（地球）グループ、自分の感性を大事にするSUN（太陽）グループです。

ビジネスの場合、12の個性（動物キャラクター）よりまずはこの3分類のほうが入りやすいでしょう。3分類は、社内だけではなく、社外の人にもおおよそのイメージで使うことができます。これに未来展望型、過去回想型などの分類も応用して使うことで、仕事の進め方と効率が劇的に変わってくるのです。

先程の「売れない」と思った相手がSUNグループだったとします。その場合、詳しく説明するより、「これは最新モデルのイチ推し商品です！」と感性に訴えかけたほうが絶対に響きます。商品のことを知ってほしくて詳しく説明していたとしたら自分の説明の仕方が間違っていたことがわかるというわけです。

このように原因がはっきりと見えてくるので、具体的な対処法を見つけやすくなり、すぐに実践することができるのがこの個性心理学の特徴です。

仮に、相手の生年月日がわからない場合は、直感的でもいいので、個性の3分類の属性を見分け、それに合わせた対応をすればいいのです。

◎すでに多くの企業で導入され、成功事例が続出！

個性心理学は、採用の場面でも有効です。面接する人は、もちろん相手の能力、特性を見てはいますが、無意識のうちに自分が使いやすい人ばかりを採用する傾向があります。

たとえば、2021年の東京オリンピック時の侍ジャパンです。稲葉篤紀監督は狼（120ページ）でEARTHグループに属しています。実はこのときのメンバーは、EARTHとSUNしかいませんでした。稲葉監督が無意識に、使いやすい選手だけを集めていたのです。

MOON・EARTH・SUN 3分類

©個性心理學研究所

※本書ではわかりやすいよう、新月に三日月のアイコンを使用しています。

侍ジャパンのような短期で結果を求められるチームなら、それでもいいかもしれません。しかし、会社組織になるとチームのバランスや力に偏りができてしまい、ある仕事はうまくいくけれど、それ以外はからっきしということにもなりかねません。

面接をするときには、自分と相性が良くないキャラクターの人にも一緒に面接をしてもらうことで、採用者に偏りがなくなり、組織に柔軟な対応ができる人材が揃うのです。

実は、こんなふうに個性心理学を人事に取り入れてうまくいっている会社はすでにたくさんあります。

たかの友梨ビューティクリニックさんをはじめ、大手美容院チェーンや歯科医院、パチンコ店、ゴルフ場、接骨院、建築会社など、様々なジャンルの企業で積極的に導入され、その結果、お客様や会員が激増するなどの成功例が続出しています。

特に、社内の人間関係、人材配置の改善には大きな力を発揮しています。たとえば中小企業で、社長がワンマンなSUN、もしくは数字や実績ばかりを求めるEARTHだと、人のいいMOONの社員が浮いてしまいがちです。そこで間にメンタルの強いSUNの人材を入れます。そうすることで、社内の人間関係が円滑になる、といったふうに使うことができるのです。

人間関係がギスギスして、すぐ辞めてしまう人が多い会社にはどんな理由があるのか？

従業員の中で、なぜこの人だけが自分の言うことを聞かないのか？

なぜ、お客様がリピートしてくれないのか？

人の個性を知ることで、今までわからなかった問題点の理由が、明確にわかるようになります。社内の人間関係がうまくいかない、営業の成績が上がらない理由がわからないなど、といった悩みを抱えている方は、ぜひこの個性心理学を活用してみてください。

02 占いは本当にビジネスに使えるのか？

四柱推命をベースにした、千年以上の歴史を持つ最強の統計学

世界中で成功している企業の多くで、占いが有効活用されているという事実をご存じでしょうか？

日本人の感覚からすると信じられないかもしれませんが、本当の話です。とりわけ、アメリカで創業された大企業は、そのほとんどが活用していると言っても過言ではありません。占いと言っても、当たるも八卦、当たらぬも八卦といった曖昧なものではなく、易や占星術といった統計学をベースにしたものです。日本でもパナソニックの創業者である松下幸之助さんが占いに凝っていたという話がありますが、トップ経営者の多くが占いを取り入れて経営に活用しているのは事実なのです。

太古の時代から、占いは権力者にとって重要なツールでした。占いを使って戦争をする日にちを決めていたのです。王様の生年月日は誰にも言ってはいけない最大秘匿事項とされていました。他国に知られると王様の運が弱い日に攻められてしまうからです。また、王様と相性のいいスパイを潜入させるなど、悪用される可能性があったためです。

個性心理学は、一般には「動物占い」という名前で知られています。けれども、そのベースは千年以上をかけて一億人以上のデータを分析してきた四柱推命の統計学なのです。心理学であり、占いというよりも、バースデーサイエンス、そう、科学なのです。

統計学はビジネスには欠かせません。それを活用するテクニックが個性心理学なのです。心理学は机上の空論になりがちですが、個性心理学はノウハウ化できる上に予定した（予想以上の）結果を導き出すことができる（実践できる）唯一の心理学とも言えます。

ビジネスでも、スポーツでも使える個性心理学

バースデーサイエンスとも呼ばれる個性心理学は、生まれたときの太陽と月と地球の位置関係を重視しています。

「自然を大事に」とはよく言われますが、人間は自然によってのみ生かされているのでは

なく、宇宙によって生かされている生き物でもあります。なぜ1日が24時間かと言えば自転の周期だからですし、女性の月経は月の周期で決まっています。人間は元々太陽と月の周期で生かされているのです。太陽と月の周期によって生じる様々な現象の統計に基づいているので、個性心理学は科学《サイエンス》なのです。

生まれた年月日ごとに人々をグルーピングして、どんな人生を送ったかを後から徹底的に調べる中国の易学がベースにあります。他にも、占星術などの様々な占いや心理学を応用し、一つに統合して、現代風に整えたのが個性心理学なのです。

自分の生年月日だけを見ればすぐに使える、統計学の決定版みたいなものです。膨大な統計を取った上で、その人の性格や、傾向性を12の動物で表すことで、わかりやすくしています。統計がベースになっているからこそ、個性心理学は実践の場で即使えるのです。

ビジネスのみならず、シビアなスポーツの世界でも、個性心理学は応用されています。

実は、2021年に開催された東京オリンピックのチームで金メダルラッシュに沸いた種目でも、個性心理学は取り入れられていました。また、プロ野球の世界でもすでに取り入れられていて、その中の一つの球団が日本一になるなど大きな成果を出しています。

私、辻盛自身、生命保険の営業の仕事に個性心理学を取り入れ、10年以上トップの成績を収め続けることができましたし、私が紹介してこの心理学を導入した多くの企業で人間関係が改善し、売り上げが伸びる、という現実を目の当たりにしてきました。

また、私が監督をしていた大学の硬式野球部でもチーム作りや日常の練習、本番の選手の起用法などに活用することで、24年ぶりのリーグ優勝という結果を出すことができたのは、「はじめに」で述べた通りです。

人の個性を知り、人と人との相性や、運気の流れなどを知ることは、ビジネスにおいてもスポーツにおいても、それを知らない人よりも一歩先んじた結果を確実に出すことができるのは間違いありません。

03 個性心理学は誰にでも応用できる

相手の個性がわからなくても、個性の3分類を推測して使う方法

個性心理学は、基本的に生年月日で個性（動物キャラクター）を知り、活用するものです。相手の個性によってアプローチの方法を変えたり、相性の良い個性の人同士を組み合わせてチームを作ったりといったことが可能になります。

「でも、相手の生年月日がわからない場合はどうすればいいの？」

と疑問に思う方もいるでしょう。たとえば営業の場合、私のように生命保険の仕事をしていればお客様の生年月日はわかります。また、相手が経営者や著名な方であれば、サイトやSNSで公開されているかもしれません。一方で、飛び込み営業をしている方が使うには難しいのではないかと思われるかもしれません。

相手の個性そのものはわからなくても、MOON、EARTH、SUNの3つの分類の

どれに当てはまるかは、いくつか質問し、その答えの傾向からわかります。

経営者や責任者の場合は、「御社は、将来的にどんな方向を目指しているのですか？」と尋ねてみましょう。

・「従業員をドンドン増やして、日本一働きやすい会社を目指す」…人間関係を重視するMOONです。

・「従業員は600人、売り上げはいくら、業界何位くらいで……」…詳細に数字で説明してくれるのは地に足が着いた現実主義者のEARTHです。

・「日本一になりたい」…社会的な成功を求める傾向がある天才型のSUNです。

その相手の分類を見出し、それにのっとって、刺さる営業をすればいいのです。

個性心理学を勉強すると、営業が怖くなくなる

法人なら、社名を見るだけでもトップがどんな人物か、どんな方向性の会社か、ある程度は想像がつきます、カタカナの「〜テック」などセンスがありそうな社名はだいたいS

UNです。「○○製作所（株）」とやや硬めの表記はEARTH。「ふれあい～（株）」など柔らかめの表記はMOONであることがほとんどです。

また、車もヒントになります。社長の車がプリウスなら、ほぼ間違いなくEARTHですし、フェラーリなどのこだわりのある車の場合はSUNといった具合です。

SUNの社長には日時や時間を指定するのではなく、「今からちょっと行っていいですか？」というその場のノリが通用します。SUNの社長は「何の用事？」とは聞き返さず「あー、いいよ」といったリアクションをします。先のことは考えず、あくまでその場の直感を大事にしているのです。

営業では、まずはどうしたら席に着いてもらえるかがポイントです。

相手がMOONの場合、何度も何度も、「聞いてください」と頼むと聞いてくれます。ところがSUNの人は何度も言われると嫌がるのです。わざわざアポを取られるのも嫌がるので、「来月の何曜日は空いていますか？」と聞いても、「そんな先のことわからないから、またそのときに電話して」と言われてしまいます。あるいは「面倒だからその場で話して」という感じです。

EARTHの社長に対しては「来月○日×時から15分だけいただけますか?」といった具体的なアプローチが正解です。

このように相手の分類を感じ取るだけでも、対応の仕方を変えていくことができるのです。

(どうしてこの会社に対する営業がうまくいかないのかな?)

と営業に苦労しているときには、相手がSUNなのにEARTH向けの話をしている、といったケースが非常に多いのです。

私は営業の仕方について教えるセミナーをしていて、いろいろな相談を受けますが(詳しくは『営業は自分の「特別」を売りなさい』〔あさ出版〕をご参照ください)、営業の仕事をしているものの、人と会ったり、話したりするのが苦手という人も少なくありません。

ところが個性心理学を勉強すると、「今までお客様のところに行くのが怖かったけれど、怖くなくなった」とみなが口を揃えて言います。

実は、対人関係が苦手なのではなく、ただ苦手意識を抱いている人が多かっただけなのです。苦手な人が多くて今までうまくいかなかったのが、「こうやって話し合えば心を開いてくれるんだ」というコツがわかるので、怖くなくなるのです。

04 個性の相性には「ジャンケンの法則」がある

3分類のパワーバランスを知ることで、ベストな付き合い方ができる

3分類には相性によるパワーバランスがあります。

MOON・EARTH・SUNの3分類の相互関係の中では、MOONはEARTHを動かしやすく、EARTHはSUNを動かしやすく、SUNはMOONを動かしやすい……というジャンケンのような法則が働いているのです。

このパワーバランスのことを、個性心理学では「ヒューマンリレーション（ジャンケンの法則）」と呼んでいます。

MOONは「グー」で、人間関係を大切にする大らかな性質、EARTHは「チョキ」で、地に足の着いた堅実な性質、SUNは「パー」で、発想豊かで表に出て行く性質を意味します。ジャンケンと同じく、チョキのEARTHはパーのSUNには勝てますが、グーの

MOONには勝てません。

「この人は苦手だけど、この人とはうまく付き合える」という個人的な相性のカラクリは、実は、この3分類の相性によることが多いのです。

どうしても苦手な相手や、話が伝わらない同僚、上司などがいる場合は、このヒューマンリレーションを確認してみましょう。するとそれが個人的な好き嫌いではなく、「個性」による相性だったと理解することができて、相手の存在を認めることができるようになります。

リーダーは部下との相性を意識して配置する

ジャンケンの法則はビジネスに即活用できます。

たとえばチームを作るとき、部下がEARTHなら、EARTHに強いMOONをリーダーに登用してうまくまとめさせることもできますし、3分類をバランス良くチームに組み入れて議論をさせることで、創造的かつ現実的な企画が生まれてくるといった使い方もできます。

ただし、この法則で強い3分類にある人が社会的立場でも上にいると、さらに強い力関係が生まれてしまい、ワンマンで部下の話を聞かない孤立した社長や、知らず知らずパワハラをしている上司といった立場にもなりかねないので、注意することが必要です。そんな立場にあると気づいた場合は、自分よりも強い3分類の相談役や部下を間に入れることで、社員との関係を正常化させる、といった使い方もできます。

ジャンケンの法則は、ビジネスのみならず、家庭でも、友人関係でも、スポーツの分野でも使えます。なぜなら、個性心理学の根っこにあるものは、文字通り一人ひとりの個性を大切にし、その個性の相性を認識しながら組み合わせることで、大きな力を発揮することにあるからです。

私が指導していた大学の野球部では、私一人だけではなく、学生のマネージャーたちにもこの心理学を勉強させて、選手の練習に有効活用していました。

EARTHの選手たちには、意見の通りやすいMOONのマネージャーを付け、MOONの選手たちには、同じく意見の通りやすいSUNのマネージャーを、SUNの選手たちには、同じようにEARTHのマネージャーを付けます。それぞれ3つのグループに分けてミーティングをさせ、基本的な練習も3つに分けて、別々に行うのです。

グループごとに選手にやる気を起こさせる声かけの仕方も違ってきます。また、冬場のトレーニングはきつい練習が多いので、マネージャーは選手たちを励ましていく必要があります。

現実主義者の多いEARTHの選手には、「今10本中7本だから、あと3本頑張って!」とMOONのマネージャーが声かけします。人間関係を重視するMOONの選手には「あなたが頑張っているから、みんな頑張れる」とSUNのマネージャーが声かけします。SUNの選手には「すごいね!」とEARTHのマネージャーが励まします。

すると全体で何となく練習をしているよりも、圧倒的に選手たちのやる気が出て、実力が伸びるのです。相性の悪い組み合わせを避けると同時に、似た者同士の馴れ合いもなくなって、現場に集中力とほど良い緊張感が生まれるからです。

3つの分類とその関係性を活用することで日々の業務もスムーズにいきメンタルケアもできるのです。

05 人間関係に効く

個性心理学でビジネススキル&成果が上がる理由①

相手の個性に合わせたコミュニケーションのコツがわかる

仕事に限らず、現代人の悩みのほとんどは人間関係にまつわることです。

・上司に意見が通らない
・上司に怒られてばかりいる
・部下が言うことを聞かない
・隣の席に座っている人が苦手
・営業に行っても、相手の人とうまく話ができない

売り上げが上がらない、というのも悩みの一つではあるでしょう。しかし、売りたい物

が売れないのは、人間関係がうまくできておらず相手が買いたいと思うようなコミュニケーションがとれていないから売れないのです。

相手が望むコミュニケーションの仕方を理解すれば、悩みは100%解決できます。相手とのコミュニケーションのコツを教えてくれるのが、個性心理学なのです。

MOON、EARTH、SUNの3分類の大枠の相性から入るほうが活用しやすいですが、相手の生年月日がわかる場合は、12の動物キャラクターで個性を見てあげることでよりコミュニケーションの質が高まります。

たとえば、ゾウ（138ページ）の人はスロースターターです。あなたの部下がゾウである場合、最初はなかなか結果が出ないかもしれません。他の人は2〜3カ月で結果が出ますが、ゾウは1〜2年かかります。ところが、いざ結果が出始めたらずっとトップを走る力を持っているのです。それをわかっていれば、採用して半年くらいで「結果が出ないからダメ」と切ったりしないで、長い目で見てあげることができるようになります。

あなたの周りに中々結果が出ない人はいませんか？　その人がゾウだったら、これから大きな成果を上げるかもしれません。

部下がチータ（126ページ）の場合は褒めまくると成長します。「すごいね」「さすがだね」と褒めると、どんどん才能を発揮するのです。

私の会社でも、いちばんのキーマンだったのがチータでした。飽きっぽくて、ちょっとダメ出しをするとまた別の案を持ってくる、の繰り返しでした。しかし、新しい案を一旦認め、褒めることによってお互いの関係も良くなり、その才能を社内で発揮できるようになったのです。

個性がわかれば、人を許せるようにもなる

あなたが上司である場合、部下の怒り方や褒め方は、12の個性（動物キャラクター）によって変えるのが効果的です。

たとえば、黒ひょう（128ページ）は人前で怒られるのが許せません。そのため、個別に呼んで、「これでは周りに示しがつかない、お前はみんなの中心人物なのだから、気を付けてやってくれ」と言われると、「はい、わかりました」となりますが、みんなの前で怒られると、人前で恥をかかされたと感じます。

一方、猿（124ページ）、子守熊《コアラ》（136ページ）などのEARTHは、怒られるのが好きです。むしろ、猿は怒ってあげないと、怒られるまで同じことをやります。「この

人の根は、小学生のようなものなんだ」と思って接するのがいいのです。

するとき今までストレスになっていた相手との人間関係も、「この人は『猿』だから、こういうことをするんだな」とわかって、許せるようになっていきます。

飲みに行った場合などには、個性がより如実に出ます。猿は、細かい割り勘でもきちんと割ります。一方、ライオン（130ページ）を代表とするSUNは面倒くさがりで、割り勘にするときも大雑把です。もし誰かが出していないというときは、絶対にSUNです。「出しました？」と聞くと「出したかなー？」と本当に忘れています。でも、「この人は『ライオン』だから」と認識していれば、故意にやっているのではないことがわかって、対策もわかり、相手のことが許せるのです。なぜなら、また別の長所があることも知っているからです。

仕事なのだからきちんと完璧にやってくれないと、と思いがちですが、人間にはそれぞれ個性があり、自分と違う側面があるとわかっていれば、どんな人のことも差別したり、毛嫌いしたりすることなく、心穏やかに付き合えるようになるのです。

06
個性心理学でビジネススキル＆成果が上がる理由②
プレゼンが通りやすくなる

相手の3分類によって、プレゼンの見せ方を変える

自分を知り、相手を知ることがプレゼンテーション（以下、プレゼン）で成功する秘訣です。

人によって好む資料のテイスト設定や、アプローチ法は違います。

マーケティング調査に多額の費用をかけるより、千年以上の歴史に裏打ちされた統計学に基づく個性心理学を使うほうがより効果的です。しかもコストは本一冊——まさにローリスクハイリターンな方法ですから、取り入れて、結果がどうなるか確かめてみてください。きっと驚くほどの成果が出るはずです。

プレゼンでは、ファミレスでのメニューの選び方でわかります。

・MOONの人…一緒にいる人のメニューを聞いて、相手に合わせる。
・EARTHの人…料理の説明と値段を見て、比較しながら慎重に選ぶ。
・SUNの人…写真をパッと見て、直感的に惹かれるものをすぐに選ぶ。

こうした個性から、プレゼンの資料を作るときは、次のようにすればよいのです。

・MOONが相手の場合…採用事例をたくさん盛り込む。
・EARTHが相手の場合…具体的な数字やデータをふんだんに盛り込む。
・SUNが相手の場合…インスピレーションに訴える。映像や写真を前面に出し、金額は後回しにする。

もちろん、プレゼンをする相手の個性を把握することが大前提ですが、何度かプレゼンをした相手だったり、社内の人間であれば、動物キャラクターそのものはわからなくとも、3分類のうち、どのグループに属するかはおおよそで見当がつくはずです。すると〝推し〟のポイントがわかるので、通りやすくなるのです。

上司への企画提案、報告書なども同じです。

SUNの上司には、パッと見て「なるほど」と思うもの、EARTHの上司には、「何%の利益アップが見込める」という具体的な数字を盛り込んだもの、MOONの上司には、成功事例をアピールすると通ります。プレゼンをする相手となる上司が2人いるとしたら、その2パターンを強くしたものを作ればいいのです。

この3パターンを覚えておけば、だいたい応用が利きます。

見せる相手の個性に合わせることで、プレゼンも広告も効果絶大

広告でも、個性心理学は非常に有効です。

以前、知り合いの、ある接骨院が雑誌に、「和気あいあいとした接骨院です」というキャッチで広告を掲載したことがあります。すると、実際に集まったお客様の大半が人間関係を重視するMOONでした。

さらに院長がMOONに強いSUNだったので、この広告を見て訪れた新規のお客様は院長のことを信頼し、リピーターになってくれました。もしも、院長がMOONであったら、「初回は半額にします」等のキャッチでEARTHのお客様を集めればいいのです。「3

分類のジャンケンの法則」（38ページ）によって、リピーターになってくれることでしょう。

また、ファミレスでハンバーグを選んでもらいたければ、メニューの写真はハンバーグだけにしておけば、それで十分です。当然、SUNの人はみなハンバーグを選びますし、MOONの人たちもそれを見て「じゃあ、ハンバーグで」と合わせるので、3分の2はハンバーグを頼むことになるからです。

プレゼンの資料はビジュアルやデータ、予算等、すべて完璧に仕上げなければいけない、などと考えて作る必要はありません。バランス良く作ることで、かえって誰にアピールするか中途半端なものになり、インパクトがなくなってしまいます。

プレゼンも広告も伝えたい相手がいるものです。誰に伝えたいかを考え、最初から見せる相手に合わせた作り方をしておけば、本番でも説明するポイントが明確になるので、よりインパクトが強いものとなるのです。

07 個性心理学でビジネススキル&成果が上がる理由③

チーム作りに生かせる

個性の3分類を生かしたチーム作り

個性心理学ではお互いの相性がわかるため、それぞれの個性、特性を生かしたチームビルディングや席替え、担当割が可能になります。

たとえばプロジェクトのチームを作るとき、3分類の人をバランス良く入れることで偏りのない意見が出るようになります。

スピード感のあるチームを作るには、直感型のSUNをメインにすれば話がまとまりますし、具体的な数字を目標にしている場合は、EARTH中心のメンバー構成にすればいいのです。

担当割でも、個性心理学を知っていれば、この仕事に向いている、向いていないという判断がしやすくなります。大いに活用してみましょう。

ミーティングでの発言の順番にも個性は使えます。

真っ先に意見を言うのはSUNで、中でも天才型のライオン（130ページ）やペガサス（142ページ）が早いです。一方、MOONは、他の人の意見を汲み取ってから話すのが得意なので、最初に意見を求められると大きなストレスになってしまいます。

ミーティングを報告から始める場合は、具体性のあるEARTHに最初に話してもらうといいでしょう。流れとしては次のような具合です。

EARTHが報告する。

↓

EARTHが「どう思いますか？」とSUNに質問する。

↓

SUNの意見が出たのち、MOONがまとめる。

この流れがいちばん効率的で、力の入った会議の進め方になります。

3分類の特徴は次の通りです。

・MOON…人の意見をまとめるのがうまく、自分の意見と相乗効果を出しやすい。
・EARTH…一人でも仕事をやるのが得意で、目標にコミットできる。
・SUN…大枠を理解し新しいアイデアを創造する仕事に向いている。

このことを理解しておくといいでしょう。

未来展望型と過去回想型の分類によって、ミーティングを区分けする

個性は、思考の特徴から未来展望型と過去回想型の2つに分類することができます。ミーティングの内容によって参加者を区分けするのもいいでしょう。

「今回のプロジェクトがうまくいかなかったのはなぜか？」といった反省会では、過去回想型の個性を持つ人たちに考えてもらうのです。すると、うまくいかなかった理由が見えてきます。

一方、未来展望型からは、うまくいかなかった理由はまったく出てきません。

過去回想型にうまくいかなかった理由を考えてもらい、それをどういうふうに変えていけばよいか、未来展望型に考えてもらう――すると、良いアイデアが出る会議になるのです。

未来展望型と過去回想型

©個性心理學研究所

未来展望型と過去回想型の人に一緒に考えてもらうと、次のようになります。

「ダメだった理由なんていくら考えても仕方ない。それよりこれからどうすべきかを考えよう」と未来展望型の人は言います。

「悪いところを検証しないと、解決しないではないですか」と過去回想型の人は言います。

そのためなかなか話が進まず、建設的な意見が出てこないのです。

もし、あなたの会社でミーティングがうまくいっていないとしたら、このことが原因となっている可能性が高いです。

問題が解決しないからとわざわざ新しい人材を採用しなくても、個性心理学をヒントに、今ある人材の配置を変えるだけで様相ががらりと変わり、新しいアイデアが出てくるようになるのです。

08 リモートワークにも使える個性心理学

個性の3分類によってケアの仕方も異なる

今や、リモートワークも当たり前になってきました。

自宅でも熱心に仕事ができるタイプとそうでないタイプがいます。会社に来なくてもやる気を持続させる声かけが必要なタイプもいます。

3分類ごとにケアの仕方を変えていくと非常に効果的です。

具体的には、次のように接するといいでしょう。

・MOONの社員…常に人に認めてもらわないと不安な人が多く、1日に1、2回はメールや電話などで連絡を取って、仕事の進捗について話したり、「頑張っているね」と声をかけてあげたりする必要があります。数日間、会社から連絡がないと「私は必要とされていないんだ」などとネガティブなメンタルに陥りがちです。

・ＥＡＲＴＨの社員…意識的に具体的な仕事を振ったり、報告書を出すように指示を出したりすれば、その通りにやりきります。やりがいのある具体的な仕事があれば、メンタル的にも安定しているので問題ありません。

・ＳＵＮの社員…会社でもリモートでも関係ありません。どちらもやる人はやるし、やらない人はやらないので、リモートワークになったからと言って、特別に何かケアをする必要はありません。

リモートワークは、人間関係が希薄にならないよう、部下や同僚の本質を知って、意識的につながりを持っていく必要があります。直接会って人と話す時間が少なくなることで組織としての一体感が薄れ、孤立してしまう社員も出てきてしまうからです。場合によっては、いきなり辞表を出したり、不満を爆発させたり、といったトラブルも起きかねません。

一人ひとりの個性を踏まえた上でそれぞれの分類に合った適切なケアを心がければ、リモートワークでも連帯感と緊張感を持った仕事をしていくことが可能になります。

個性心理学は完全に統計学であり、占いの要素は1％もない

ここまで見てきた通り、個性心理学は完全に統計学です。

はっきり言って、占いの要素は1％も入っていません。

占いのように「当たる」「当たらない」という感覚ではなく、「当てはまるか」「当てはまらないか」という感覚です。

「あなたは来年結婚できますよ！」は占いです。

「統計的に来年、良い人と会う可能性が高いですね」は個性心理学です。

当たるも八卦、当たらぬも八卦、という感覚でこの個性心理学を使っている人はほとんどいません。実際に自分や身近な人の個性を調べてみて、驚くほどに当てはまるからこそ、使うことができるのです。

私もこの心理学を勉強するまでは、巷でよく言われている占いの一つだと思っていました。ところが深く勉強していくと、完全に統計学であるとわかったのです。だからこそ生

きた人間に当てはまり、実際に現場で使えるのです。

個性心理学はビジネスのみならず、家族や、友人、恋人との関係といったプライベートでも使えることは言うまでもありません。また、社員教育や学校教育の現場でも使われ、すでに小学校で大きな成果を出している例もあります。

教育の場でも有効なのは、個性心理学が一人ひとりの人間、一人ひとりの個性を大切にする、誰も仲間外れにしない愛のある心理学だからです。まずは自分の個性を知り、身近な人たちの個性を調べて、少しずつ輪を広げるようにして活用していくといいでしょう。

Chapter 2

個性心理学を使った対人スキルで仕事がうまくいく

辻盛英一

01 個性心理学はあらゆるビジネスシーンで活用できる

「動物占い」というポップなイメージで導入できる

個性心理学をビジネスで使うと、大きく分けて2つの利点があります。

①会社の中で、人間関係が改善され生産性が上がる。
②お客様の個性を知ることで、物を売りやすくなったり、サービスを利用してもらいやすくなる。

まずは①の社内での人間関係の改善ですが、個性心理学はキャラクターが動物に落とし込まれているので馴染みやすく、「動物占い」というポップなイメージで会社に導入することができます。最初はコミュニケーションツールとして使ってもらい、そこから、実は洗練された統計学であることをそれとなく知らせ、社内で活用していけばいいのです。

最初、「動物占い」というパッケージで社員に紹介すると、興味を示すのは圧倒的に女性です。ところがいざ導入してみると、男性のほうが積極的に使います。特に部下との関係で悩んでいる上司や中間管理職の人たちが、問題解決に活用しようとするのです。傾向として、女性は個性心理学をプライベートなところで使うことが多く、男性は仕事として使おうとします。

現代は、パワハラやセクハラ、モラハラといった言葉に代表される通り、社内の声かけ一つにも気をつけなくてはならない時代です。

たとえば、男性の上司が女性従業員に声をかけるとき、「今日は暗いね」とか、「君の性格は内向的だね」などと言うだけでセクハラになりかねません。「顔が暗いね」と声かけをすると、「それは私が不細工ということですか?」といった反応になってしまうかもしれないからです。

ところが会社に動物占いを導入していれば、「今日はバイオリズム的にあまり調子の良くない日かもしれないね。気を付けたほうがいいよ」と具体的な声かけをすることができます。これは相手の個性が持つ傾向という事実を指摘しているのであって、セクハラにはなりません。

ですから、個性心理学を使うと、人を傷つけたり妙な摩擦を起こしたりすることなく、言いにくいことを伝えやすくなります。言われたほうも抵抗なく受け入れることができるので、デリケートなコミュニケーションもスムーズになっていくのです。

相手の3分類は、質問一つで見分けることができる

②の商品やサービスの売り上げを伸ばすために個性心理学を使う方法ですが、業種によって、まずは相手の生年月日を聞き出さなくてはならないという壁があります。

聞き出し方としては、「うちはサービスで動物占いをやっています」と声かけをすればいいのです。「そしたら、一度占ってみてよ」という返事があれば、ごく自然に生年月日を聞くことができます。

とは言っても、初対面の場で、いきなり「動物占いをやっています」と声かけをすることは難しいかもしれません。そんな場合は、商品のパンフレットを見せて、相手の反応を見てみましょう。

スペックや機能、価格について興味を示すのはＥＡＲＴＨです。

「かっこいいですね」「もっと違うタイプのものはないんですか?」と外見のことを聞くのはSUNかMOON。

続いて、「このデザインはどう思いますか?」と尋ねましょう。

「好き」か「嫌い」と感覚的に返答するのはSUNです。

「会社の雰囲気に合わない」「尖っていて馴染めない」といった具体的な返答をするのがMOONです。

こんなふうにパンフレットを見せて質問するだけで、初対面の人でもおおよその個性の3分類は推測できます。それに合わせて、営業やコミュニケーションの方法を変えていけばいいのです。

本章では実際に個性心理学を取り入れた企業等の事例をもとに様々なシーンでの活用の仕方についてお話ししていきます。

02

社内での活用法①

従業員が辞めなくなり、生産性が上がる方法

シフトごとに同じ分類のメンバーで固めることで、摩擦がなくなる

ファミレスなどの飲食店や、大きな病院、交通機関など、シフト制の勤務体制を取り入れているところでは人間関係のトラブルが起きがちです。

たとえば、シフト制で9時～17時の日勤、15時～22時の夜勤で組んでいるとき、相性の悪い個性（動物キャラクター）の人たちが混在して一緒になると派閥みたいなものができてしまい、対立するケースがあるのです。

最も相性の悪い代表格の2人をリーダーにしたことで、それぞれ、その下にリーダーの波長に合うキャラクターの人たちだったり、庇護してもらいたいキャラクターの人たちが付いて、お互いのグループを牽制し合ったり、陰口を言い合ったりといったことも起こり

ます。こうなるとその職場は雰囲気が悪いものになり、生産性も下がって、仕事もスムーズに回らなくなります。とりわけ接客業の場合、お客様にもそうした殺伐とした空気は伝わりますから、「なんか嫌な雰囲気の店だな」と思われて客足が遠のき、結果的に売り上げも落ちてしまうのです。

シフト制の職場でA班とB班の二つの派閥ができたときには、いじめなどが起きやすいのも特徴です。日勤ではA班とB班の人数が半々だったものが、夜勤にシフト替えになったときにB班の人ばかりの中にA班の人が一人で入っていくと、いじめられたり無視されたりして、仕事がやりにくくなり、それが続くと辞めてしまうこともあります。

この問題は、シフトの時間帯ごとに3分類ごとにまとめることで解決できます。

たとえば日勤をMOON、夜勤をEARTHで固めてあげると意見の対立がなくなるので、派閥が生まれることはありません。仕事もスムーズに回り、いじめも起きにくく、従業員が辞めなくなるのです。

人間関係で余計な摩擦がない環境になるので生産性と能率が上がり、売り上げの向上にもつながります。

つまり、シフト制の職場で派閥ができることによる摩擦や、いじめをなくすためには、一つの時間帯に極力同じ分類の人たちを集めて（どうしても他の分類を交ぜざるを得ない場合はジャンケンの法則で強い分類を入れる）、その人たちだけで仕事をしてもらうようにすればいいのです。

または、班長をその時間帯で中心になっている分類に対して強い立場の分類から選び（MOON中心の班ならSUNを入れる）、仕切れるようにするのも一つの手です。

リモートワークでは、出勤する曜日ごとに3分類を分ける

近年、リモートワークが主流となり、週1、2回の出勤体制になる会社も増えています。そこで月曜日はMOON、火曜日はSUNといった具合に、曜日ごとに出勤する社員を3分類で分けるとギクシャクがなくなり、トラブルが生じにくくなります。「あの人と合わないから会社に行きたくない」といった人間関係のストレスやトラブルが減るのです。

正社員なら辞めづらいので、相性の合わない相手と組むのを我慢しなければならないかもしれません。しかし、それが元で人間関係がこじれたり、メンタルヘルスの問題が生じたりすることもあります。また派遣の人やアルバイトであったら、面倒な人間関係が原因

となって、あっさりと仕事を辞めてしまうことはよくあります。

大事な人材を流出させないためには、分類を一つにすることで摩擦のないチームを作ったり、まとめ役にジャンケンの法則で強い分類の人を入れたりする方法が大いに役に立つのです。

仕事の内容によって、3分類ごとにグループを分けるのもいいでしょう。

たとえば、受付に向いているのはMOONの人たちです。なぜなら、お客様が入ってきたときの雰囲気を敏感に察することができるからです。商品の説明など細かな説明が必要な仕事にはEARTHが向いています。企画や商品開発など、新しい発想が求められる仕事に向いているのはSUNです。

さらに動物キャラクターで細かく見ていけば、設計などの緻密な作業が求められる仕事は狼がいい、といった適性もあります。適材適所で動物キャラクターを活用していきましょう。

03

社内での活用法②

上司や同僚の個性を理解し、社内稟議書や企画書をスムーズに通す方法

上司の個性に合わせて稟議書《りんぎしょ》を作る

とある銀行での実話です。

子守熊《コアラ》（136ページ）のキャラクターの銀行員が、「融資の話が中々通らない」と悩んでいました。上司がライオン（130ページ）で、部下である彼が稟議書を書いているとのことでした。この会社はこれくらいの業績で、これくらいの利益で、これくらい現金に余裕がある、これでこの会社に融資を通してもらいたい、といった内容です。子守熊《コアラ》はEARTHですから、地に足の着いた具体的な内容のレポートを提出しました。

ところが、SUNにあたるライオンの上司は、「それで、その会社は将来どうなるんだ？」と言って、何やら不満そうにしているのです。上司は数字ではなく、その会社の将来性や

成長性について知りたかったためです。結局、稟議書は通りませんでした。

そこで個性心理学を勉強し、3分類の法則を理解し、ライオン好みに合わせて「扱っている商品は業界ナンバー1で、取引先は大手であり、将来この業界ではシェア1位になるでしょう」といった内容で稟議書を書き直すと、すんなり稟議が通りました。稟議書も上司のキャラクターによって内容を変えていけば通りやすくなるんだ、と彼は実感したとのことでした。

しかし、その稟議書がさらに上層部の人たちに回ると、没になってしまったというのです。なぜなら、その上司たちは狼（120ページ）やたぬき（134ページ）といった別の分類の人たちだったので、見るポイントがそれぞれ違っていたからです。

大きな会社であればあるほど、稟議書はたくさんの上司に目を通してもらうことになります。多くの人が目を通すことがわかっている場合は稟議書を三部構成にすればいいのです。

一部は数字を緻密に書いたEARTH向け、一部は会社の将来性を書いたSUN向け、一部はどんな会社であるのかというストーリー（この会社はこうなっていて、社長はこういう人で、人間的に裏切るような人ではないといったようなこと）のMOON向け。どんなタイプの人にも通じるものになること間違いなしです。

◎「人」「物」「金」の3つのポイントを意識して稟議書を作る

銀行が融資をする際には、「人」「物」「金」が判断のポイントになります。

相手がどんな人で、どんな物を扱っていて、どんなお金の流れになっているか。

とは言っても、融資の決定権を持つ上司は、それぞれの個性の分類によって、重要視するポイントが違ってきますので、これを意識して稟議書を書くと通りやすいのです。

・MOON…「人」をチェックポイントに置く。
・SUN…「物」をチェックポイントに置く。
・EARTH…「金」をチェックポイントに置く。

この「人」「物」「金」のポイントを相手の好みを押さえて資料を作成すると、どんなビジネスにでも使えます。たとえば、とある会社に物を売るとき、「こんな人が社長だから、取引先として信用できる」はMOON。「この物は、こんなふうに使ってもらえる素晴らしい可能性がある」はSUN。「金額的にこれくらい負けても、うちの会社にこれくらいの利益が残る」はEARTHに向けたものです。稟議書を上げる相手が確定していれば、ポイントを一つに絞れば十分ですし、そうでない場合は、誰が相手でも刺さるように3つのポイントに分けて、別々に書けばいいのです。

また、上司のみならず同僚の個性を理解していれば、グループで稟議書や企画書を作るときにも役に立ちます。

たとえば、MOONとSUNの人だけで企画書を作ると、どうしてもジャンケンの法則で強い立場となるSUN寄りのものを作りがちです。ところが、上司がEARTHだと、この企画書は通りにくい。そこで企画書を提出する前に、上司と同じEARTHの同僚にチェックしてもらえばいいのです。

個性心理学は会社で導入しなくとも、自分だけ理解していれば十分に使えます。SUNの部下が作った稟議書や企画書が、そのままEARTHの上司が通してくれるはずがないとわかるので、数字を細かく書くように指導することもできますし、チームの中で誰かが説得に行かなければならないというときに、説得のうまいMOONに頼むといった人選にも使えます。同僚の個性を自分が知っていれば、それだけで百人力なのです。

04 社内での活用法③

従業員の帰属意識を高める方法

○個性心理学は一人の人間を全否定しない

個性心理学は、コミュニケーションツールとしても活用できます。同僚の個性をみんなが理解すれば、お互いの長所も欠点も理解できるので、「嫌な人」「完全にダメな人」というのがいなくなって、会社の風通しが良くなります。

職場では、「あの部長は意地悪だ」とか、「あの人はいつも遅刻していて平気な顔をしている」とか、「あの新人は気が利かない」などといった陰口や悪口がどうしても出るものです。

ところが、個性心理学を導入して相手の個性を理解すると、愚痴が全否定になりません。「あの人は昨日言ったことと今日言ったことが違うけど、ペガサスだからしょうがないね」となります。相手の個性にはまた別の長所があることもわかっているので、欠点を特徴として捉えることができるのです。

才能や能力、実績といったものだけが評価される社会では、どうしても仕事が「できる人」「できない人」の物差しだけで社員を判断してしまいがちです。営業なら売り上げだけで、専門職なら技術だけで人の評価を決めてしまいがちです。

能力主義、競争主義にも一理ありますが、やはりそれだけではビジネスの世界が勝ち負けだけになり、落伍者、蹴落とされる人も出てきます。そんな組織では当然、妙な緊張感や殺伐とした空気が生まれて、全体としての成果が出にくいのです。接客業などでは、なおさらでしょう。

そこに「個性心理学」を導入するだけで、人にはいろいろな個性や役割があることがみなに認識され、結果的に、組織としての売り上げが伸びていくことになるのです。

「個性心理学」を導入するだけで、離職率が減る

個性心理学を社内でのコミュニケーションツールとして導入し、成功している事例はすでにたくさんあります。

スタッフが全員女性の保育園でのお話です。同性だけの職場というのは意外と人間関係

が難しくなりがちなものですが、「動物占い」として個性心理学を取り入れるだけでスタッフ間のコミュニケーションがスムーズなものとなり、離職率が減少し、一つの課題に対して全員で取り組む姿勢ができてきた、と言います。

また、社内誌などで社員の個性を分析して掲載したところ、お互いの個性の傾向や3分類を認め合い、上司が指示しなくても、チーム作りや担当割りなど、積極的に仕事に生かすようになり、スタッフみんなのやる気が一変した、という声もあります。

個性心理学を導入すると、動物キャラクターによって、それぞれの社員に向いた仕事というのもわかってきます。

たとえば黒ひょう（128ページ）やチータ（126ページ）は、イメージ通りに短距離ランナー型なので、瞬発力はあるけれどもすぐ飽きてしまいます。やり始めは面白いと感じて夢中で取り組むのですが、ある程度成果を上げたと思ったとたん、パタッと面白さを感じなくなってしまうのです。そこで瞬発力のあるタイプには、新しい仕事をドンドン投げてあげるとうまくいくのです。

一方、同じ肉食動物でもライオン（130ページ）は持続力があります。自分が「これをやりたい」と決めたらずーっとやるのが特徴です。だから一つの会社を持続させ、発展させていくような社長の仕事が向いているのです。ただし、ライオンは好きなこと以外はあまりやろうとしませんし、興味がないものには見向きもしないので、そこは器用さのある個性の人に任せておけばいいということになります。

狼（120ページ）は一匹狼という言葉があるように、コツコツと一人で何かやることに向いていますし、ひつじ（140ページ）はさみしがり屋な人が多いので、一人で何かやるというよりも、集団で取り組む仕事に向いています。

それぞれの個性を生かすことのできる適材適所に仕事を振れば、仕事のやりがいも違ってくるので、結果として、離職率が下がるのです。

05

お客様に対する活用法①

お客様にリピーターになっていただく方法

お客様の個性の3分類に合わせた接客方法

お客様の好みや傾向を理解した上で、それに合わせた接客をすれば、当然、リピート率は上がります。

そこで個性の3分類の出番です。お客様のタイプを3分類して、どの対応が良いか、見極めるのです。

たとえば、整骨院に来るお客様を目的ごとに3分類に分けると次のようになります。

・その場で人と話をすることが目的のお客様↓MOON
・念入りな治療を望んでいるお客様↓EARTH

・たまに突然、現れるお客様↓SUN

つまり、それぞれの要望に合わせた接客をすればいいのです。

MOONのお客様には「最近、趣味のほうはやっていますか?」などと雑談を交えながら施術をして、積極的にコミュニケーションを取るのが効果的です。EARTHのお客様には、「肩がずいぶんと凝っていますね。念入りに治療しておきますね」などと話しかけます。

気まぐれなSUNは、リピーターになっていただくのは難しいかもしれません。しかし、一期一会のつもりで楽しく接すれば、また突然やって来てくれます。

新規顧客も個性別の接客が可能

美容室なら、初見のお客様でも動物キャラクターが推測できます。

なぜなら、外見と動物キャラクターの個性は一致しているケースが多いからです。たとえば、ライオンのたてがみのようなふわーっとした髪型はライオン、スポーツ刈りのような短髪は猿、前髪を垂らすのが嫌でオールバックの男の人は黒ひょうといった具合です。

ライオンの人は髪をあまり切らず、ボリュームを上げると喜ばれますし、逆に猿は短髪を好むので、そちらの髪型を勧めてあげればいいのです。

また、美容室は会員制のところがほとんどなので、会員になってもらえたら生年月日がわかります。そこで3分類を照らし合わせての接客の出番です。

お客様の誕生日には、次のようなサービスを心がけてみましょう。

MOON…「ささやかですが誕生日プレゼントを用意してあります」と誘いましょう。
EARTH…「お誕生日クーポン」などがあると喜ばれます。
SUN…誕生日プレゼントやクーポンがあったとしても行かないので、積極的に誘う必要はありません。

実際、美容室を経営している企業が「新規顧客のリピート率を向上させたい」という目的で個性心理学を導入したところ、平均リピート率が大きく向上しています。

お客様の反応一つで個性の3分類を見抜く方法

お客様の生年月日がわからない飲食店のような業種でも、個性の3分類を推測することで、行き届いた接客が可能になります。

フレンチレストランで店側が料理の説明をしているとき、すでに食べ始めているのはSUN、気を遣って絶対食べないのがMOONです。SUNの人は細かい話は聞いていませんので、「特別にフランスから1本だけ、この料理に合う何々ワインが入っていますが」などと話しかけるほうが好まれます。すると、気持ち良く「それ、ください」といったリアクションになります。

ちなみに、EARTHの人に同じように話しかけると「それはいくらですか?」と値段を聞いてきます。特別に高いものを勧めると、二度とリピーターになってはくれません。MOONは気を遣って「それをください」と答えるか、常連であれば「あなたがお勧めするのならそれをお願いします」と答えます。

こんなふうに、新規のお客様でもその言動からおおよその3分類は推測できます。あとは、それに合わせた接客をしていけば、自ずとリピーターが増えていくことになるのです。

06

お客様に対する活用法②

お客様の個性を理解し、かけるひと言で売り上げを2倍に伸ばす方法

3分類に応じた具体的な声かけの例…整骨院

お客様への声のかけ方一つで、売り上げも大きく変わります。

個性心理学を導入して大きな成果を上げている先の整骨院の例を挙げましょう。治療が終わったあとの声かけも、3分類の個性に応じて変えています。

実際、次のような声かけを実践し、2週間で売り上げが2倍に伸びたのです。

・MOONのお客様に対して…またコミュニケーションを楽しみましょう、といった声かけをすると効果的です。

「○○さん、今日はいろいろ話せて楽しかったですね。次回お会いするのを楽しみにし

ています」

・EARTHのお客様に対して…今後の具体的な治療方針を説明すると効果的です。逆にこれを伝えないと、リピートの可能性は著しく低下することになるでしょう。

「だいぶ良くなりましたけど、また元に戻ってしまう場合がありますので、週に1回、1カ月間通ってもらうと劇的に良くなりますよ」

・SUNのお客様に対して…とにかく相手の気分を上げると効果的です。

「こんなにしっかりした身体をしている人を初めて見ました。僕たちも勉強になります」

3分類に応じた具体的な声かけの例…不動産業

不動産業の場合、3分類に合わせた声かけは、次のようになります。

・MOONのお客様に対して…その家で心地良く住めるイメージを表現すると効果的です。

「このリビングダイニングキッチンは広々としているので、家族みんなでくつろげますよ。

キッチンの使い勝手もいいですし、収納スペースも他の物件よりも余裕があるんですよ」

・ＥＡＲＴＨのお客様に対して…価格や物件、サービスを具体的に説明すると効果的です。

「築７年でこのお値段は中々ありませんし、リフォームもサービスしているんですよ」

・ＳＵＮのお客様に対して…材質、デザインの素晴らしさやブランドをとにかく推すと効果的です。

「この家の木は日本一の材料を使っているんですよ。見た目も立派ですし、大手が建てているので間違いありません」

不動産や車など大きな物を勧めるときは、相手の動物キャラクターまで調べたほうがいいでしょう。

群れるのが嫌いな狼（１２０ページ）は「この物件は、まだ他のお客さんには勧めていません。何々さんにぴったり合っているものです」という特別扱いを好みます。

猿（１２４ページ）は小銭が好きなので、大きい買い物はしません。そのため、「この家は3000万円です」と伝えると悩んでしまいますが、「住宅ローンだと月7万円でいけます」と勧めると、気持ちが前向きに変わります。

夢とロマンを好む子守熊《コアラ》（136ページ）には「家を買うことによって、一生安定した家庭を築けますよ」といった声かけをします。

ひつじ（140ページ）の場合、人が集まるリビングなどの共有スペースを重要視するので、「このリビングは日当たりも良くて広いですし、みなが伸び伸びとリラックスできる空間になっています」などと勧めます。

お客様の生年月日がわかる場合は、相手の動物キャラクターを調べ、それぞれのポイントを押さえて営業の仕方を変えていけば、さらに売り上げが伸びること間違いなしです。

07

お客様に対する活用法③

お客様の個性に合わせてサービスを提供する方法

●キャラクターに合わせた声かけ一つで、雰囲気が大きく変わる

接客でいちばん大切なのは、お客様とのコミュニケーションがはずむことです。それには、個性心理学の動物キャラクター別による対応が役に立ちます。

たとえば個性心理学を導入してうまくいっているゴルフ場があります。ゴルフはメンタルが重要なスポーツですから、接客の仕方一つで場の雰囲気が大きく変わります。そこでお客様の動物キャラクター別に接客マニュアルを作っておけば、キャディがお客様に声かけするときに何を言ったら相手に喜んでもらえるかがわかるので、ストレスがなくなるのです。

スコアが出ずにイライラしているときに「そんなにイライラしなくてもいいじゃないで

すか？」と声をかけられるとカチンとくるものです。

子守熊《コアラ》（136ページ）の人には「まだまだ3番ホールで始まったばかりですから、このままいってもいつものペースでいけますよ。70台で上がれます、大丈夫」と声をかけたり、黒ひょう（128ページ）の人には「調子が悪いときもありますよ。でも、それも含めてゴルフというのは楽しいんですよね。楽しくゴルフができるのがいちばんですね」などと相手の個性に合わせた声かけをすることができるようになるのです。

ゴルフ場では、参加者全員が18ホールを楽しく回って帰ってくることがいちばんです。楽しい気持ちで回ってきた結果、「またここに来たいね」という話になり、会員になってくれる人も増えるのです。会員になると生年月日を書いてくれるので、新規のお客様にも声かけの仕方がわかり、さらに会員が増えていく、という好循環が生まれます。

ゴルフ場は友達同士だけではなく、仕事で取引先のお客様と一緒にやってくる人たちもたくさんいます。いわゆる接待ゴルフでは、相手の機嫌が悪くなってしまうことだけは絶対に避けなくてはなりません。個性心理学を導入しているゴルフ場に行けば、キャディさんがフォローしてくれるので安心なのです。

お客様の誕生日がわかっている業種には、個性心理学は最適

お客様の誕生日がわかっている業種——歯科医院、美容クリニック、エステなどは、最初から相手の動物キャラクターに合わせた具体的なアプローチが可能になります。

お客様の欲しい物がわかるので、個性に合わせて物を売っていくことができますし、サービスに関してもどのタイプのサービスが喜ばれるのかがわかるので、その人に合わせた対応をしていくことができるのです。

たかの友梨ビューティクリニックさんでは、個性心理学を積極的に取り入れて、お客様に合わせたサービスを徹底し、大きな成果を挙げています。お客様の個性を3分類に分けて、それぞれの個性に合わせた接客をしているのです。いちいち言葉にせずとも、個性心理学でお客様の個性がわかっているので、自身が担当しているお客様が喜ぶサービスを提供することができるのです。

お客様の生年月日がわからない業種では、インスタグラムなどで「今日は特別大開放！動物占いで占ってほしい方は、生年月日を入れて下さい」とアップして生年月日を入れてもらい、接し方のヒントにしているケースもあります。

また、個性心理学はドアノックツール（メイン商品の前に提案する無料または安価な商品やサービス）としても使えます。

「今、うちはサービスとして動物占いのレポートをやっているんですよ。商品の話は置いておいて、ひとまず、この占いをお聞きになりませんか？」と責任者に声かけするのです。するとと時間を取ってもらえるようになるので、営業にとっては大きな武器となりますし、相手の個性を知った上で会話をすることができるので、トークもはずみます。

楽しい時間を共有することで、お客様の心もほどけやすくなります。

08 まだある！　こんな活用法①
キャラクター別ターゲティングで広告効果を上げる方法

美容室での3分類に合わせた広告の成功例

広告を打つ際には、ターゲットをどこに置くかがいちばんのポイントになります。年齢や性別などのターゲティングは多くの人がやっていることかもしれませんが、何となくぼんやりとしたものになりがちです。個性心理学の3分類を使えば、それぞれの分類にターゲットを絞った広告の作成が可能になるのです。

美容室の広告を作成する場合は、次のようになります。

・MOONの人をターゲットに広告を打つ際のポイント…スタッフとお客様みんなで和気あいあいと楽しくしている写真を載せ、楽しい雰囲気の場であることを感じさせるキャッチを付ける。

「髪を切ってもらいながら、スタッフとの会話を楽しみませんか？」

・EARTHの人をターゲットに広告を打つ際のポイント…最先端の技法や、オーガニックシャンプーなどが充実している写真を載せ、価格を押し出したキャッチを付ける。

「今月限り、ヘッドスパ30分1万円のところ8000円です」

「半額クーポンを差し上げます」

・SUNの人をターゲットに広告を打つ際のポイント…店の派手な外観や、おしゃれな雰囲気の写真を載せ、ブランドを前面に出した派手なキャッチを付ける。

「ついに出た！　あの名店が池袋の中心に、○月○日グランドオープン！」

1週間に1パターン、3週連続を1セットとして広告を出すのが最も効果的です。

そして、それぞれの個性に合わせた接客をすると同時に、お客様と同じ分類のスタイリストを付ければ波長が合うので、リピーターになってくれるという仕組みです。

3分類の法則は、アパレルや病院、学習塾の広告にも使える

この3分類の法則で集客と接客を実践し、効果を上げている業種は美容室、歯科医院、整骨院、アパレルなど多岐にわたります。

実際、アパレルの会社が毎週、3分類で分けた広告を打ち、接客をして成功した例を挙げます。

MOONの広告を出した週には、お客様に対しては積極的にコミュニケーションを取り、EARTHに向けて広告を打った週には、接客はベタベタせずにプライスダウンの表示を大きくしたり、服の素材を展示したりするなどし、SUNに向けた広告を出した週には、「こういう映画に使われた」などというポスターを貼ったり、「この芸能人がお勧めしている」といった情報が載った雑誌を置いたり、切り抜きを紹介したりしたのです。

すると飛躍的に売り上げが上がったのはもちろん、新規のお客様に会員カードを作ってもらったところ、「打った広告に合った分類の人たちばかりだったので、驚いた」という話があります。ちなみに値引きに関しては、EARTHは食いつきますが、あまり露骨にやるとMOONの人は胡散臭く感じ引いてしまうので気をつけましょう。SUNは値札に興味がなく、服のデザインしか見ていません。

この方法で成果を上げている学習塾もあります。

小・中学生などの学習塾の広告を見るのは親御さんです。当然、体験入学のときにお子さんと一緒に親御さんもやって来ます。

そこでは接客を3分類に合わせてアレンジするのです。MOONの親御さんには親しみやすく丁寧に接する。EARTHの親御さんには理論的にカリキュラムの良さを説明する。SUNの親御さんには実績を見せる。そうすることで入学してくれる可能性が格段に高まります。

集客と接客をセットで効果を上げる――これは普通なら考えつかない発想です。しかし、個性心理学ではこれを同時に行うことができるので、導入してすぐに大きな成果を出すことも可能なのです。

09 個性心理学という統計学で集客ルールを作る方法

まだある！ こんな活用法②

人間関係の改善から商品の見せ方&売り方まで、一気に解決！

集客にあたって最初にするべきことは、集客する側がどんな方向性で自分たちのカラーを打ち出していくのか、誰に売るのかを決めることです。意志決定をするためには、当然、チームワークが大事になります。そのチームワークもまた、個性心理学によってお互いの個性を理解した上で固めていけばいいのです。

次に、どのキャラクターのお客様を集めるか、どのようなやり方で集客するか、またどのように接客したらリピートしてくれるか、といった具体的なビジネスモデルを決定します。これらも3分類の法則を生かせば、集客と接客をセットで行うことのできる集客ルールを作ることができます。つまり、個性心理学を導入すれば、社内の人間関係の改善から、商品の見せ方や売り方まで、すべて一気に解決するのです。すると、なぜ今までお客さんが集まらなかったのか？　なぜ売れなかったのか、という理由も明確になります。

良い商品を扱っていて良いサービスをしているのに、どうしてうちの会社は仕事がうまくいかないのだろう？　と疑問を持ち、個性心理学を導入する。

←

お客様の個性を理解して集客、接客をしていなかったからだ、とわかる。

←

お客様の個性を理解していれば、物も良くてサービスも良いのだから、その良さをどの個性の人に、どのように伝えていけばいいかがわかる。

←

結果的に、商品、サービスが売れる。

広告を打つ必要のない相手もわかる

これまでのマーケティング手法では、ターゲットの絞り方は、年齢や性別くらいまでです。しかし、個性心理学では「個性別」でターゲティングできるのが絶対的な強みなのです。

たとえば、高齢者用の紙おむつは、20代にマーケティングしても100％売れることはありません。そこで「60～70代の人にターゲットを絞りましょう」とマーケターはアドバイスするのですが、そんなことは誰でもわかっています。そこから他社に抜きん出て売るためには、「使う人の中で、誰がこれを欲しいと思うか」を突き詰めていかなければいけないのです。しかし、それについては既存のマーケティングでは「わからない」という答えになります。なぜかと言うと、同じ年代でも使う人は千差万別だからです。

ところが個性心理学を使えば、「付ける人にも、付けられる人にも、みんなに優しい紙おむつ」といった、家庭の和を大切にするMOONの人にだけ刺さるような、さらに踏み込んだ広告を打つことができます。

あるいは、ハンドカラオケをマーケティングするときも同様です。マーケターの人はおそらく、「今は巣ごもり需要があるので、一軒家住まいの人にこれを売りましょう」といった分析をして、終わります。

しかし、個性心理学の3分類を使えば「みんなで和気あいあい、おうちで家族だけのカラオケを楽しみましょう」といったMOON向けの広告が打てるのです。すると当然、M

OONの人たちが購入してくれることになります。

他の分類に対してはどうするかと言えば、ターゲットにする必要はありません。なぜならカラオケはみんなで楽しむものなので、基本的にはMOONにしか刺さらないのです。SUNも、EARTHも好んでハンドカラオケは買わない——だとしたら、MOONにだけ刺さるように広告を打ったほうがいいに決まっています。

個性心理学を勉強していれば、元々買わない分類の人には広告を打つ必要がないこともわかるのです。商品を誰に売るか、誰が必要としているか、誰が買うか——ターゲットをより明確に絞ることができるので、ローリスクハイリターンの広告効果が見込めるというわけです。

目新しい商品はSUNから広める

通販の分野でも、個性心理学は大いに力を発揮します。一度販売した先は、生年月日を知っているので、商品によってどこにアプローチするかが明確にわかるからです。

仮に生年月日がわからなくても、商品の性質を理解した上で個性の3分類に分けて広告を打てば、ムダのない効果が見込めます。

シリカ水を販売している会社での成功例です。シリカはスーパーミネラルウォーターとして近年、注目を集めています。骨や歯を丈夫にし、髪の毛が太くなり、皺がなくなる、などの効果があるとされています。

個性心理学を導入してこのシリカ水を売りだそうとした会社が、プレゼンや広告に3分類の法則を使い、売り上げが10倍になったという実績があります。とりわけ、企業向けのプレゼンで各企業のトップに合わせた見せ方を3分類で工夫することで、大きな力を発揮したということです。

シリカ水のような目新しい商品の売れ方は、次のようになります。

芸能人が飲んでいるとか、効果が出たという広告を見てSUNが購入する。

←

CMなどで、こういう成分が入っているので様々な効果が期待できます、といった情報を見て、EARTHが購入する。

←

みんなが飲み始めたのを見て、MOONが購入する。

つまり、基本的に目新しい商品はＳＵＮの人たちから広めていくのが正解です。芸能人などに使ってもらって名前を広め、検証結果を出してからＥＡＲＴＨにアピールし、「累計１００万本！」といった実績を謳うことでＭＯＯＮの人たちが買うようになります。

この原理を知っていれば、ムダな広告費用を削減できると同時に、売り上げの初速を飛躍的に速め、また右肩上がりに売り上げを伸ばしていくことも可能になるのです。

このように、個性心理学を活用すれば、仕事がぐんとうまくいくようになります。

Column 1

個性は遺伝しない

個性心理学についてお話をさせていただくと、時折、「親子だから性格も一緒」とおっしゃる方がいます。

これは、大きな勘違い、間違った思い込みです。

なぜなら、「個性は遺伝しない」からです。

幼稚園や保育園等で講演する際、私、弦本は、「個性は遺伝しないというお話とともに、「杉の木の両親と松の木の子ども」という物語をお伝えしています。

これは、「個性は遺伝しない」ことを親御さんにぜひ理解してもらいたいという思いから、右脳教育の権威、しちだ・教育研究所のShichida booksから出版した絵本のお話です。

杉の木の両親の間に松の木の子どもが生まれたことで起きてしまう悲劇の物語なのですが、ほとんどの親御さんが聞きながら涙を流されます。

物語のあらすじは、162ページで紹介していますので、ご覧ください。

最近、企業研修でこのお話をすることがあるのですが、反響がとても大きく驚いています。

上司と部下、同僚、取引先を当てはめて物語を読むことで「個性の違い」がとてもわかりやすいのだそうです。

それだけ、大きな勘違い、間違った思い込みに悩まされている人が多いということなのかもしれません。

こんな悲劇が家庭や学校、職場で繰り返されてはならない。

どんなに近しい関係であっても、相手の個性、自分の個性を大事にしてください。

Chapter 3

動物キャラクターで自分と相手の個性を知る

弦本將裕

01 個性心理学は「人間」を深く理解するための図鑑である

○分類すると、自分も相手も理解しやすくなる

人間は昔から、漠然とした物事を理解しやすくするために、「分類して整理する」という手法をとってきました。

図書館に行くと、植物図鑑・動物図鑑・昆虫図鑑・魚類図鑑・鳥類図鑑といったように、様々な図鑑があります。これらはみな、人間による「分類」を目に見えるようにまとめたものです。

たとえば、植物。根があり、場所が固定されている生物はみな植物ですが、植物は大きく「木」「花」「草」などに分類されます。そして「木」にも、「桜」「梅」「松」「竹」といった分類があります。さらに「桜」も、「ソメイヨシノ」「しだれ桜」「八重桜」などに細分化されます。いずれも、人間が勝手に分類したものです。

もしかしたら、人間がいまだに分類できていないのは人間自身だけなのかもしれません。個性心理学は、その人間を「個性」で分類しようと試みたものです。

個性心理学では、個性を「種類とサイクル」と定義しています。植物が種類によって「咲く時期」と「散る時期」があるように、人間にも個性によって「好調期」「安定期」「低調期」といったサイクルがあります。

梅が2月に綺麗に咲いているのを見て、「桜はまだ咲かないのか。怠け者だな」と思う人はいないでしょう。桜は4月に咲くことをみんな知っているからです。

人間の「種類とサイクル」も、これと同じです。個性心理学を知ると、お互いの個性の違いを受け入れられるようになり、人間関係がグッと楽になります。

「個性の違い」を受け入れる

個性心理学の基本的な考え方の一つに「アキラメル」という教えがあります。

これは決して、夢や目標を断念する「諦める」ではありません。長所も短所も、善も悪も、価値観の違いもすべて明らかに認めるという意味の「明《あき》らめる」です。

人はみな、自分を認めてもらいたいと思っています。これは自己承認欲求であり、自尊心でもあります。

一方で、「他人は認めたくない」という思いも併せ持っています。しかし、「他人は認めたくない」という思いを前面に出してしまっては、人間関係はうまくいきません。

そこで必要になるのが、アキラメルことです。

何を「アキラメル」のか。「個性の違い」をアキラメルのです。明らかに認めて受け入れることが大切なのです。

自然界のライオンも、自分がライオンであるという自覚は持っていません。しかし、自分が他の動物と違うということは認識しています。

人間にも似たところがあります。自分と他人が違うことはわかってはいるものの、どこが、なぜ違うのかははっきりとわかりません。

それどころか、ほとんどの人は、自分自身のことも実はよくわかっていません。自分の中にも、好きな自分と嫌いな自分がいたり、毎日変化する運気に翻弄されたりします。他人の評価を気にするあまり、ついつい本当の自分を押し殺して、仮面を被って振る舞ったりもします。実はいちばん身近なはずの「自分」が、最も不可解な存在なのかもしれません。

そこで、個性心理学です。個性心理学は、自分を知り、他人を知り、自分と他人の個性の違いをアキラメルのに役立ちます。

「本質」「表面」「意志」「希望」の4面から自分を見る

個性心理学では、一人の人間を「本質」「表面」「意志」「希望」と分け、立体的に分類しているため、本当の自分や、本当の他人を知ることができるのです。

「本質」とは、本当の自分です。

本当の自分を知らずして、仕事で成功はできません。

自分自身を構成している個性の中で、本質は70%を占めます。センスやテクニックだけでは、仮にその場を凌《しの》げても、大きな成果を上げ続けることはできません。本質を知ることで、自分の強みも弱点も把握し、自分らしく生きることができます。自分らしさは、あなたの最大の魅力であり、武器でもあるのです。

「表面」とは、見せる自分です。

人は誰でも、人前では「演じる」ものです。

「相手によく見られたい」思いもあるでしょうが、初対面の人や職場の人間関係の中では「本当の自分をさらけ出したくない」思いのほうがより強いでしょう。一種の自己防衛本能と言ってもいいかもしれません。

採用面接では、この「表面」の部分しか判断材料がないため、面接官は応募者の個性を正確に把握できず、一流企業でも社員が次々と辞めていく事態につながります。

「表面」は、幼馴染や親友の前ではほとんど発出しません。本音で付き合えるからです。

また、自分一人でいるときには100%、「表面」ではなく「本質」でいられます。

ストレスの原因の90%が人間関係であると言われます。「表面」ではなく「本質」で生きられるのは、ストレスから解放されることでもあるのです。

「意志」とは、考える自分です。

人間は考える動物です。常に自問自答するものですし、仕事では取捨選択を迫られます。

「本質」が感情だとすれば、「意志」は思考です。

人間の4面（本質・表面・意志・希望）

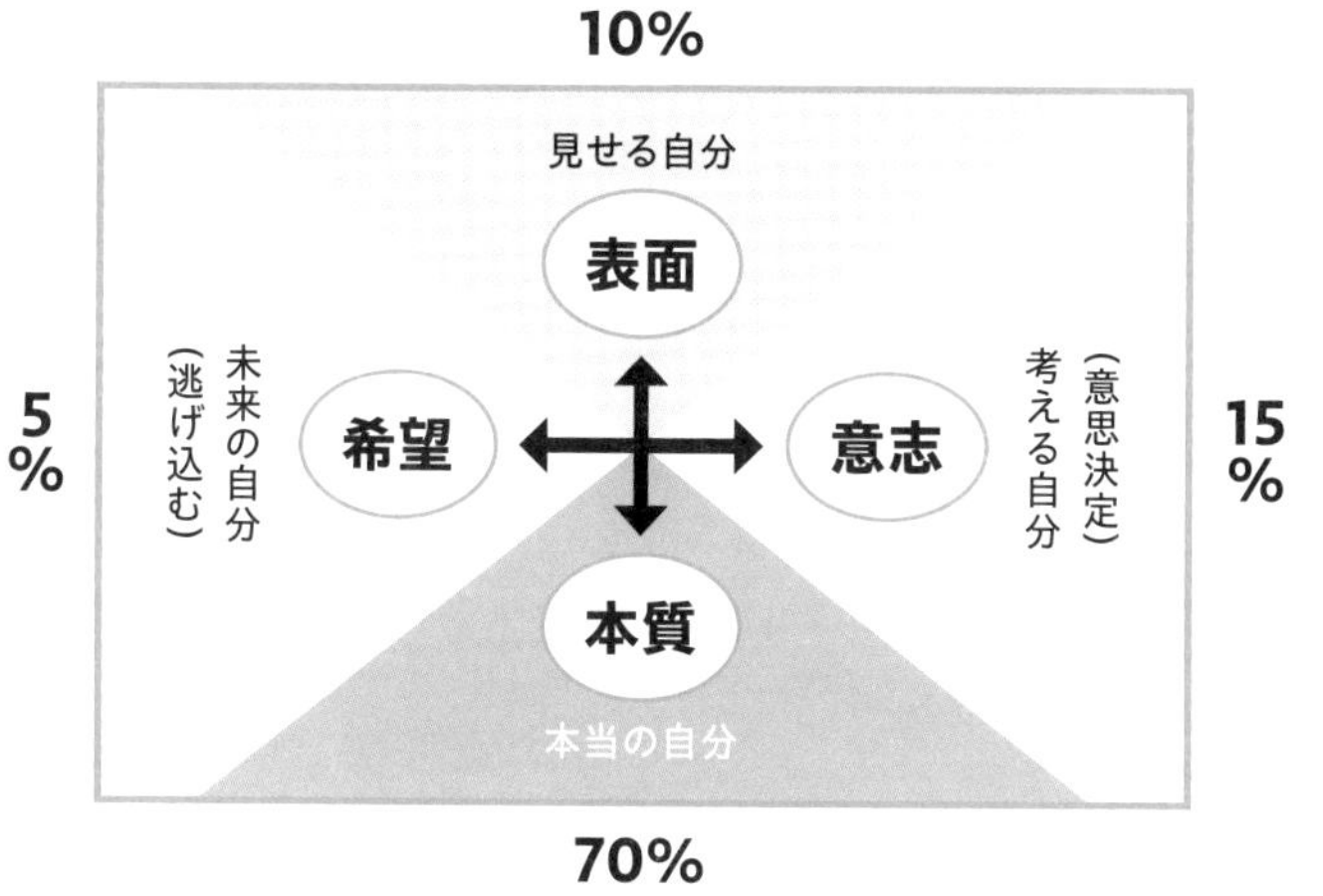

©個性心理學研究所

「わかっちゃいるけど、やめられない」「部長のおっしゃることはごもっともですが、でも……」と、頭では理解していても腑に落ちない自分がいるはずです。この「本質」と「意志」のギャップがストレスの原因になり得ます。

また「意志」は「自分の内なる声」とも言われます。とても重要な部分です。「本質」が弱音を吐いていても、強い「意志」が自分を困難に立ち向かわせてくれることもあります。

「希望」とは、未来の自分です。

常に発出する部分ではありませんが、現実逃避をしたり、妄想や空想の世界を広げたりするときに強く出てきます。

人は誰でも、憧れや理想の将来像を持って生きています。希望がないと人は生きられません。そして成功者は、決して希望を失いません。自分の中の希望を知ることはとても重要です。

ただし個性心理学では、生年月日だけでなく、生まれた時間によって希望は変わってしまいます。生まれた瞬間の天体の位置関係が、私たちの性格や運命・宿命・職業適正などにも影響を与えているのです。

「本質」「表面」「意志」「希望」の4面で自分を知り、他人を知ることで、本当の自分、本当の他人を把握することができ、「表面」のぶつかり合いによる人間関係の摩擦も少なくなります。

02 性格は「MOON」「EARTH」「SUN」の3つに分けられる

ビジネスで即、使える分類法

人間の個性は、複雑怪奇なものです。冒頭でお話ししたように、12の動物キャラクター（さらに60種）に分類するのもそのためです。

ですが、ビジネスの場で即、個性を活用するには、すでにお話ししているようにMOON・EARTH・SUNという3つのグループに分けるのがいちばんの近道です。この3分類は、個性心理学を理解する上で基本の部分です。それぞれ見ていきましょう。

MOON・EARTH・SUNの特徴

MOONの特徴

(満月)　(新月)

- ケンカをしたくない
- 人間らしく生きたい
- 目指すは人格者
- 信頼関係を築いていくことが必要
- 人とのかかわりを大切にする
- コンセプトを考える
- 「なんで？」「どうして？」が口癖
- ムダが多い

EARTHの特徴

- ペースを乱されたくない
- 自分の時間と空間を大切にしたい
- 目指すは財産家
- 夢を具体的に実現させるものが必要
- 人生をエンジョイしたい
- コンセプトを形にする
- 「一生懸命」「活用」「頑張る」が口癖
- ムリをする

SUNの特徴

- ワクにはめられたくない
- いつも元気で光り輝いていたい
- 目指すは成功者
- 可能性をすぐに実現できるものが必要
- 自分の直感を大切にする
- 世の中に広めていく役割がある
- 「すごい」「絶対」「面倒くさい」が口癖
- 気分にムラがある

©個性心理學研究所

MOONのグループ（いい人チーム）

12の動物キャラクターでは、こじか・黒ひょう・たぬき・ひつじが該当します。表記はひらがなが基本です。

MOONという綴りの上2文字である「MO」。これはMOON最大の特徴である「ムダ（M）が多い（O）」の頭文字だと思ってください。

MOONのムダの3点セットとして①時間のムダ、②話のムダ、③お金のムダが挙げられます。だからといって、MOONの人は「今日からムダをなくそう」と考える必要はありません。それは無理なことですし、ストレスになるからです。

大切なのは「自分はムダが多い」と認識することです。

MOONを逆から読むと「NO」が現れます。しかし、MOONは「NO」が言えない人たちです。人から誘われると断れません。月をイメージしてもらえるとよくわかります。月は満月もあるし、三日月もあるし、新月もあります。それは、月は自らが光り輝いているのではなく、太陽の光を反射して輝くからです。相手に合わせて自分自身の姿形を変えるのです。

レストランでメニューが出てくると、相手のほうに向けて「何にしますか？」と聞くのがMOONです。「君は何を食べるの?」と聞いても、「同じものでいいです」と答えます。EARTHやSUNの人には考えられないことです。

太陽の周りを地球が回り、その地球の周りを月が回っているように、人に振り回されてしまいます。「来週は、いつが空いていますか?」と聞かれても、「いつがいいですか?」と逆に聞き返してきます。自分が質問されているにもかかわらずです。

一方で、月の引力は、地球上のすべての動植物に強い影響を与えています。月の大潮小潮現象を見ると、硬い塊のように見える地球も、月の引力の影響を受けて、ゴムまりのように地表が引き上げられているのがわかります。目には見えませんが、MOONの人が他人に強い影響力を与えるのはこのためかもしれません。

ただ、ビジネスの世界では報・連・相が大切で、会議でも起承転結で簡潔に意見をまとめなくてはなりませんし、結論や結果が重視されます。ここでMOONの人が注意しなければならないのは、果てしない前置きは置いておき、結論から話さなければならないということです。話が長いのも要注意。取引先からは嫌われますし、部下もついてこなくなってしまいます。

MOONは人望が厚く、良い人間関係を構築するのは得意です。ただ、EARTHやS

UNのグループにも配慮を示さないと、真のリーダーにはなれないでしょう。

EARTHのグループ(しっかり者チーム)

12の動物キャラクターでは、狼・猿・虎・子守熊《コアラ》が該当します。表記は漢字が基本です。昔から、現実的な人のことを「あの人は地に足が着いている」と表現します。EARTHはまさに地そのもので、何事も現実的に物事を見ます。地球そのものも、山があり谷があり、川が流れ海に注ぐというように、大自然が広がり、そこに多くの生き物が生息し、互いに影響を与え合っています。春夏秋冬があり、とても変化に富んだ惑星です。

EARTHのEは「エコロジー」。ムダを嫌います。誰もいない廊下の電気がつけっぱなしになっていたり、誰も見ていないのにテレビがついていたりするのが耐えられません。ケチというわけではないのですが、ムダが嫌いで、有効活用したいと考えるのです。

会話の中には必ず数字が入っているので、このグループの人には概念や感覚でものを言っても通じません。時間や数字で表すようにするとコミュニケーションがとても取りやすくなります。

待ち合わせ場所に遅れそうなときも、「今、山手線で隣の新橋駅を通過したから、あと

5分で着きます」と具体的な時間を伝えてあげると、お互いのストレスがなくなります。MOONやSUNの人の会話には、時間や数字が入っていないことが多いので、EARTHはイライラしがちです。

EARTHの最後の文字は「H」です。これは「ヒューマン」を表し、ライバルとしての人間にとても興味があります。他人には負けたくない。ただ細かく見てみると、それぞれ違います。猿は短期決戦型なので「今」勝ちたいと思うし、子守熊《コアラ》は常に長期戦だから最後に勝つのは自分だと思っています。狼はやや変態で、他人と同じなのが嫌で「変わってるね」と言われると喜びますし、虎はバランス感覚が抜群なので、欠けたところがあるのが許せません。

地球が地軸を中心に自転しながら太陽の回りを公転をしているように、EARTHは何事も「自己中」です。自分の満足や喜びを優先させます。ちなみに、MOONは「他己中」と言えるでしょう。相手の満足を先に考えるからです。

何事も計画的に物事を進めたいと思っているので、計画性のない人は許せませんし、自分のペースを他人に乱されたくないと思っています。そんなEARTHのペースを乱す存在が、MOONとSUNなのです。

SUNのグループ（天才チーム）

12の動物キャラクターでは、チータ・ライオン・ゾウ・ペガサスが該当します。表記はカタカナが基本です。

SUNの綴りには「S」と「N」の両極が入っています。自分で自分がわからないところがあるのがSUNの大きな特徴です。

また、気分が乗っているときとそうでないときは別の生き物になってしまいます。ペガサスの場合、落ち込んでいるときには羽が取れてしまい、ただのロバになってしまうことがあるのです。そんなときはもう、何を話しかけてもムダ。そっとしておいてあげましょう。

太陽のようにいつも光り輝いていたいSUNですが、晴れの日があれば雨の日もあるのが自然の摂理。昼もあれば夜もあるわけで、輝ける時間は限られています。

太陽系の中心に太陽があるように、SUNも常に世の中心にいたいという思いを強く持っています。脇役では満足できませんし、とにかく褒められるとどんどん伸びるタイプです。EARTHの上司などは、意味もなく褒めることができない上に、叱って伸ばそうとするので、SUNの人のモチベーションは下がってしまいます。

SUNのグループは「天才チーム」と呼ばれるように、ピンとくる感性で生きています。動物キャラクターがカタカナ表記であることにも意味があり、このグループの人たちは「外国人」と思って接するとうまくいきます。

これまで同じ日本人と思って接していたために、なかなか思うようにコミュニケーションが図れなかっただけなのです。今日からは外国人に接する態度で話しかけると、驚くほどお互いの距離感が近くなります。

ムードメーカーでもあるので、イベントや催事・祭りなどではSUNのグループは欠かせない存在となります。大いに盛り上げてくれるでしょう。気分にムラがあるのが難点なのですが、それは天気と同じ。いつも快晴ばかりは続かないと明らかに認めて、アキラメルのが肝心です。

一見、「態度が大きい」「大げさに話す」と思われがちですが、実は内面は壊れやすいガラス細工のような繊細なハートの持ち主です。そこをわかって接してあげると、一気に心を開いてくれるでしょう。いちいち細かく指示せず、自由にのびのびとさせるほうが成績は大きく伸びます。

決して目標数値ばかりを追わせたり、時間で管理したりしようと思わないでください。

実力の半分も発揮できなくなってしまいます。

○「MOON」「EARTH」「SUN」の割合にはバラツキがある

MOON・EARTH・SUNの発生比率は3分の1ずつではありません。

最も多いのがEARTHのグループで、全体の40％。いちばん少ないのがSUNの25％。残りがMOONの35％となっています。生年月日をベースとしていますので、世界中どこでもこの発生比率です。

消費者全体の40％を占めるEARTHに響く戦略を無視してしまうと、その商品は売れないということにもなりかねません。しかし逆に見れば、消費者は「EARTH以外」が60％を占めているわけですから、SUNとMOONの存在も無視するわけにはいきません。

組織としては、MOON・EARTH・SUNをどのように配置するのが理想なのでしょうか。

「三人寄れば文殊の知恵」ということわざがあるように、MOON・EARTH・SUNのそれぞれが、発生比率に近い割合で存在している組織が最強だと言えます。

みなさんの会社の組織は、この3分類がどんな割合で存在しているか、ぜひ調べてみてください。

もし何か問題点があったとしても、MOON・EARTH・SUNの性格3分類で解決できることが、驚くほど多くあります。

03 12の動物キャラクターの特徴と有名人

「四柱推命」「12星運」を親しみやすくアレンジ

それではいよいよ、個性心理学の神髄とも言える12の動物キャラクターの特徴を解説していきます。ビジネスシーンで役に立つ動物キャラクターごとの接し方の注意点、また、キャラクターのイメージがわきやすいように、そのキャラクターの有名人を紹介しています。

119ページの図を見てください。個性心理学の理論上のベースとなっている四柱推命の中に、胎《たい》・養《よう》・長生《ちょうせい》・沐浴《もくよく》・冠帯《かんたい》・建禄《けんろく》・帝旺《ていおう》・衰《すい》・病《びょう》・死《し》・墓《ぼ》・絶《ぜつ》という12星運が記されています。中には「衰」「病」「死」といったイメージの良くない言葉もあるため、置き換えたのが12の動物キャラクターというわけです。

人間の一生のエネルギーサイクルを円で表示することで、動物キャラクターがよりイメージしやすくなっています。

エネルギーサイクルで見る
12の動物キャラクター円グラフ

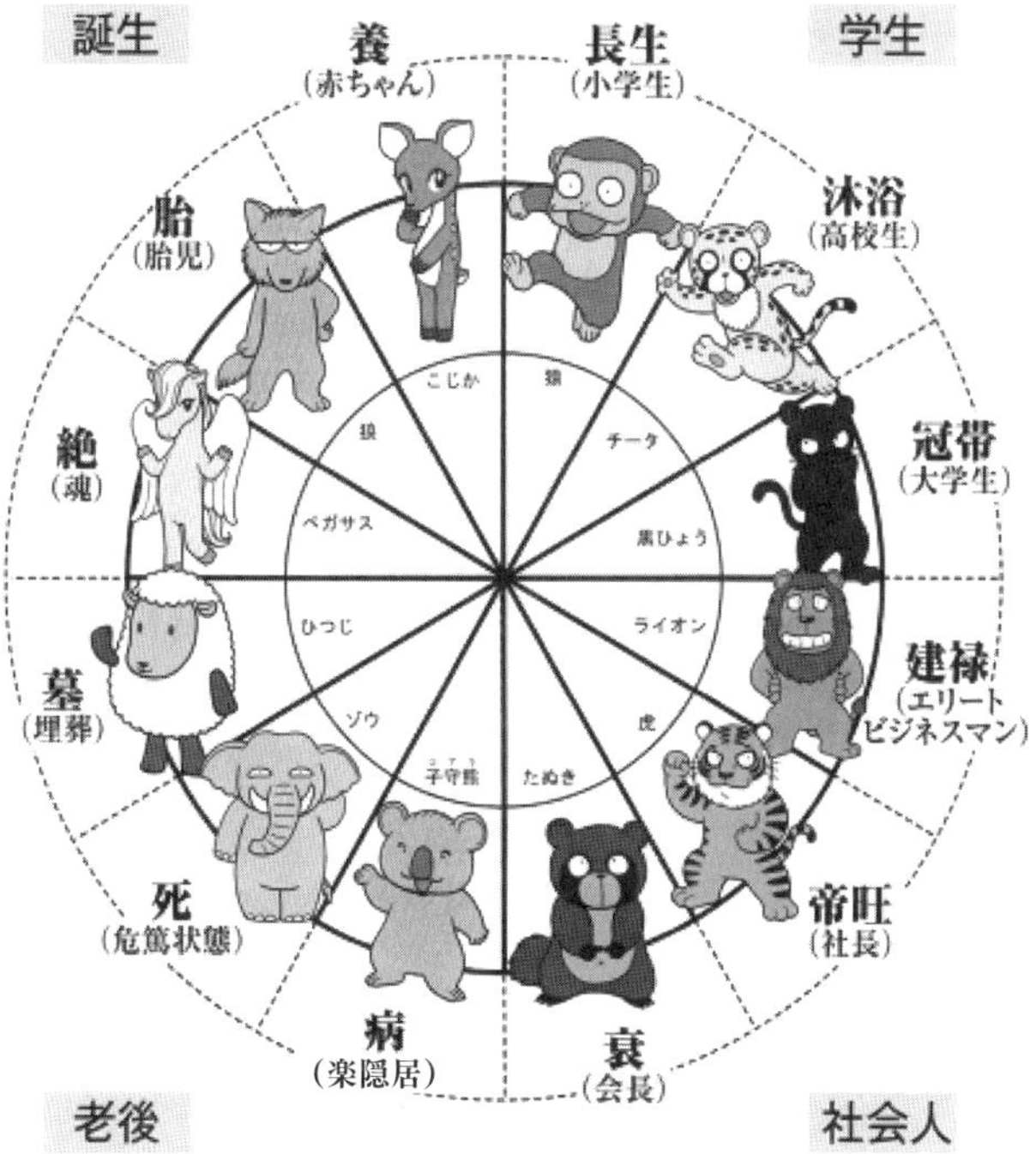

©個性心理學研究所

狼

我が道を貫きトップを目指す自信家

EARTH

特徴

- 一人だけの時間と空間が好き
- ペースを乱されるのを嫌う
- 自分しかできないことでナンバー1を目指す
- 自分流を持っている
- 初対面ではとっつきにくい
- 言葉足らずのところがある
- 歩くのが苦にならない
- すぐメモを取る習慣がある
- 人のまねをしたくない
- 時系列の記憶力が高い
- 匂いに敏感
- 放っておいてほしい
- 「変わってるね」と言われると嬉しい

有名人

山縣有朋／豊田章一郎／黒澤明／嘉納治五郎／堀江貴文／元谷芙美子／野坂昭如／石坂浩二／若田光一／相田みつを／千代の富士／星野佳路／藤井聡太／アルフレッド・ノーベル／ハンス・クリスチャン・アンデルセン／ヘレン・ケラー

四柱推命では「胎」とされており、母親の胎内に宿った胎児を表しています。

一匹狼と言われるように、人と群れるのは苦手です。自分は自分と、唯我独尊のマイペース。適度な距離感を持って接します。一見クールで冷たい印象を与えますが、実はとても愛情深いところがあります。金銭感覚にも優れており、仕事に対する遂行能力は抜群です。自分が決めた目標は、何が何でも達成しようとする責任感の強さもあります。ただ、人間関係にはやや苦労するところがありますから、チームプレイよりも自分一人で成果の出せる分野で力を発揮するでしょう。

! 接する際の注意点

相手が喜ぶこと

「個性的だね」「変わってるね」など、「あなたは〝その他大勢〟とは違う」ことを明確に伝えると、狼は喜びます。

禁句

「勝手すぎる」と我流を否定する言葉や、プライベートな時間に仕事の話をすること、ゴマすりやお世辞を嫌う傾向にあります。

こじか

純粋な心で世の中を見つめる、愛される存在

MOON

特徴

- 好奇心旺盛
- 緊張が長く続かない
- 初対面では警戒心が強い
- 大勢の中でも、仲の良い人としか話さない
- 相手の人柄がすべて
- 好き嫌いが激しい
- 愛情が確認できないと不安になる
- 感情を隠し切れない
- 親しくなるとわがままになる
- 駆け引きや裏表のある対応は苦手
- 行動範囲が限られている
- 「かわいい」と言われると嬉しい
- 感情が爆発すると手がつけられない

有名人

大久保利通／岩崎弥太郎／渋沢栄一／朝永振一郎／杉原千畝／志賀直哉／小津安二郎／山野愛子／小澤征爾／篠山紀信／吉本ばなな／松岡修造／アルフレッド・アドラー／ココ・シャネル／カミーユ・サン=サーンス

四柱推命では「養」とされており、生まれたばかりの赤ちゃんを表しています。

赤ちゃんのように純粋で、人を疑うことを知らない素直さを持っています。誰からも愛されたい願望が強く、みんなに好かれようと一生懸命周囲に気を使います。精神的には幼いので、なかなか自立できないところもあり、周囲の手助けを必要とします。しかし、周囲から疎まれることはなく、自然と周りが応援してくれる人徳を持っています。一つのことに時間をかけて取り組むので、ノーベル賞受賞者にはこじかが断トツで多いのも頷けます。組織内の潤滑油的存在なので、チームのまとめ役には最適です。

接する際の注意点

相手が喜ぶこと

とにかく周りからの愛を求めるこじか。「何があっても私はあなたの味方だよ」と声をかけ、大きな愛で包んであげましょう。

禁句

嘘は厳禁。たとえ冗談でも、嘘をつくのはやめましょう。また、繊細なこじかは、乱暴な言葉を嫌います。「バカ」「最低」といった感情的な暴言は要注意です。

猿

短期決戦で勝負！　明るく器用な人気者

特徴

- 細かなこと、小さなことに気がつく
- 乗せられると弱い
- 堅苦しい雰囲気に弱い
- 何でもゲーム感覚で楽しむ
- 落ち着きがない
- 早とちりや早合点が多い
- 信じやすい、だまされやすい
- 目的や指示を明確にしてあげないとダメ
- 人のまねをするのがうまい
- 褒められたいために頑張る
- 手先が器用
- すぐに結果が出ないと飽きる
- バナナが好き
- 短期決戦型

有名人

豊臣秀吉／徳川家光／西郷隆盛／吉田茂／湯川秀樹／大鵬《たいほう》／白鵬《はくほう》／照ノ富士《てるのふじ》／力道山《りきどうざん》／アントニオ猪木／長嶋茂雄／渥美清／北野武／十三代目 市川團十郎／小山薫堂《こやまくんどう》／前澤友作／マハトマ・ガンジー／オードリー・ヘプバーン

EARTH

四柱推命では「長生《ちょうせい》」とされ、遊びも勉強も仕事も全力投球する明るい性格です。人気テレビアニメ「サザエさん」に登場するカツオのように、明るく前向きな小学生をイメージしていただけるとわかりやすいでしょう。いつもみんなの人気者です。過去にとらわれることなく、気持ちの切り替えも上手なので、クヨクヨすることもありません。ただ、目の前にあることだけに集中するので、長期的な展望に立つことは苦手です。相手の心をつかむ処世術は見事で、着実に出世していくでしょう。スポーツの世界でも活躍している方が多く、抜群の勝負強さを持っています。

! 接する際の注意点

相手が喜ぶこと

褒められると素直に喜ぶ単純さが猿のいいところ。「面白い」「楽しい」「やさしい」など、褒めれば褒めるほどテンションが上がり、もっともっと頑張ってくれます。

禁句

みんなの人気者でありたい猿に「つまらない」「面白くない」という冷ややかな言葉はタブー。「ふざけすぎ」「もっと静かに」とたしなめる言葉にも拒絶を示します。

チータ

野心と成功願望が強い超ポジティブな人

特徴

- 成功願望が強い
- 好奇心が極めて強い
- 瞬発力はあるが、長続きしない
- チャレンジャーでもあるが諦めも早い
- 欲しいと思ったらすぐ買う
- 人前でカッコつけたがる
- 常に大勢の中心でいたい
- プライドが高い
- 超プラス思考
- 話も態度も大きい
- 恋愛がうまくいっていないと仕事もうまくいかない
- 焼き肉が好き
- 足フェチである

有名人

武田信玄／板垣退助／池田勇人／田中角栄／津田梅子／利根川進／山中伸弥／三木谷浩史／豊田章男／山内溥／水前寺清子／エドヴァルド・ムンク／サルバドール・ダリ

SUN

四柱推命では「沐浴」とされており、チャレンジャー気質を持っています。陸上で最速の動物であるチータの瞬発力には誰も敵う者がいません。ヤンチャなところもありますが、なりふり構わず前に向かって突き進む姿は怖いものなし。ダメと言われるとやりたくなるし、OKが出ると興味を失うというあまのじゃくなところもあります。恋愛は仕事のバロメーターなので、仕事一筋では大きな成果を挙げることができません。明るい性格で、周囲を一瞬で虜《とりこ》にする処世術は見事です。

! 接する際の注意点

相手が喜ぶこと

チャレンジ精神をかき立てられる状況を好みます。「あなたならできるはず」とたきつければ、難しい課題にも積極的に取り組んでくれます。

禁句

恥をかきたくないのがチータの特徴。人前で批判したり、「知らないの?」や「センスないなぁ」といった否定の言葉をかけたりするのはNGです。

黒ひょう

繊細ながら、抜群のセンスを武器にチームを引っ張る

MOON

特徴

- メンツやプライド、立場にこだわる
- 常にリーダーシップを取りたい
- 新しいものが大好き
- 高い美意識
- 生涯現役
- 正義感が強い
- 批判精神が強い
- 喜怒哀楽が顔や態度に出やすい
- 傷つきやすい
- 先行逃げ切り型
- 服装は、黒か白
- 流行には敏感
- いちばんの情報通

有名人

織田信長／徳川吉宗／川端康成／大江健三郎／宮崎駿《はやお》／手塚治虫／田原総一朗／柳井正／似鳥昭雄／レオナルド・ダ・ヴィンチ／ガリレオ・ガリレイ／フリードリヒ・ニーチェ／エイブラハム・リンカーン／フィリップ・フランツ・フォン・シーボルト／チャールズ・チャップリン／ビル・ゲイツ／スティーブ・ジョブズ

四柱推命では「冠帯《かんたい》」とされており、成人式を迎えた青年のイメージです。常に周囲に気を配りながら、自然とグループのリーダーになるタイプ。新しいものには目がなく、いつも最新の情報をキャッチできるようにアンテナを張り巡らせています。場を盛り上げるのも上手で、いつも組織の中心的な存在となります。センスも抜群で、ルックスでは他の動物キャラクターを寄せ付けません。肉体的にはもう立派な大人ですが、精神的には繊細な部分があるので、他人からの評価がとても気になります。スタートダッシュにエネルギーを集中して、出だし好調ならどんなプロジェクトも成功に導きます。

接する際の注意点

相手が喜ぶこと

センスの良さを褒められるのが大好き。「かっこいい」「きれい」「おしゃれ」といった褒め言葉を特に好みます。

禁句

場を盛り上げる気配りができながら、実は繊細なのが黒ひょうの特徴。雰囲気に任せて「お前、バカだなー」なんて乱暴な言葉でツッコもうものなら、心を閉ざしてしまいます。

ライオン

誇り高き完璧主義者。出世街道を突き進む

SUN

特徴

- 教え方が厳しい
- その道の権威を目指す
- 他人の細かいところに気がつく
- 服装はきちんとしている
- 礼儀礼節にうるさい
- 世間体を気にする
- 決して弱音を吐かない
- 本音を言わない
- 王様扱いに弱い
- 数字や計算に弱い
- 大きく漠然とした話が多い
- 甘えん坊である
- 内外の落差が激しい

有名人

徳川家康／小林一茶／夏目漱石／ジャイアント馬場／小泉純一郎／吉田沙保里／孫正義／ニコラウス・コペルニクス／ダグラス・マッカーサー／マーチン・ルーサー・キング牧師／マリリン・モンロー／コナン・ドイル／イブ・サン=ローラン／オノ・ヨーコ

四柱推命では「建禄」とされており、バリバリ仕事をするビジネスマンです。百獣の王ライオンですから、プライドの高さはいちばん。VIP待遇に弱く、特別扱いされるとご機嫌です。男性も女性も服装にはとても気を使います。胸にポケットチーフを入れている男性はライオンとみて間違いないでしょう。いかに最強のライオンといえども、ネコ科の動物なので、特定の人の前では猫のように甘えてしまうのはご愛嬌。仕事もよくできて、着実に出世街道を歩んでいきます。ビジネスで見せる顔とプライベートの顔はまるで「別人」のようなので、この落差の激しさには驚かされてしまいます。

接する際の注意点

相手が喜ぶこと

「自分は常にいちばんでありたい」と考えています。「やっぱりあなたがいちばんです」と、相手の素晴らしさをまっすぐに伝えて自尊心をくすぐってあげましょう。

禁句

敬わない態度は御法度。馴れ馴れしい振る舞いやタメロには気をつけましょう。親しい間柄でも、礼節をわきまえて接することが大切です。

虎

いつでも熱く本音を語る、包容力ある人情派

EARTH

特徴

- MOONの要素を強く持っている
- 自由・平等・博愛主義者
- バランス感覚抜群
- 悠然とした雰囲気
- 決して即断即決しない
- 決めると徹底的にやる
- あまり大きな話はしない
- 話の全体像がつかめないとダメ
- 自分の生活圏を大切にする
- 器用貧乏
- 面倒見が良く親分肌
- 笑いながらキツイひと言が言える
- 相手の「言い方」がカチンとくる

有名人

上杉謙信／小松帯刀《こまつたてわき》／大隈重信／犬養毅／安藤百福《あんどうももふく》／佐治敬三《さじけいぞう》／タモリ／明石家さんま／具志堅用高／たかの友梨／フランツ・ヨーゼフ・ハイドン／チャールズ・リンドバーグ／マザー・テレサ／ウォルト・ディズニー

四柱推命では「帝旺」とされ、最高のエネルギーを与えられた社長の位置付けです。人間の一生にたとえると、人生の頂点と言える社長にまで上り詰めたような立場の人。小さい頃からしっかりしており、自分のことは何でも一人でやりますし、他人への依存心はありません。お金に対する執着もあり、しっかりと貯蓄します。誰に対しても平等に接し、上司にもどんどん自分の意見を言うため、信頼されます。親分肌のところがあり、部下からも慕われます。仕事もそつなくこなし、目標達成能力は誰にも負けません。ただ、ハッキリとものを言いすぎるので、相手が委縮してしまうこともあります。

! 接する際の注意点

相手が喜ぶこと

率直なコミュニケーションを好む虎は、「すごいですね」「頑張ったね」など、努力をストレートに褒められると喜びます。

禁句

自分は本音でバシバシ語る割に、他人から本音で指摘されると反発します。反論するときは、「おっしゃることはごもっともですが」とクッションを入れるようにしましょう。

たぬき

根っからの愛嬌の良さで場を和ませる貴重な存在

MOON

特徴

- 何事も経験と実績を重んじる
- 古いモノが好き
- 根拠のない自信がある
- 年配の人から可愛がられる
- 天然ボケの人が多い
- 他のキャラクターにも化けられるが、しっぽが出ている
- 行きつけのお店にしか行かない
- 役割分担が好き
- 物忘れが激しく、忘れ物も多い
- 自分の出番待ちをする
- 存在感がある
- 子どものときはおとなしい人が多い
- 蕎麦が好き

有名人

徳川慶喜／太宰治／島崎藤村／白洲次郎／本田宗一郎／山田洋次／武田鉄矢／羽生善治／辻井伸行／松山英樹／アイザック・ニュートン／ヴォルフガング・アマデウス・モーツァルト／ジョン・F・ケネディ／マドンナ／タイガー・ウッズ／レディー・ガガ

四柱推命では「衰《すい》」。社長を退いて一歩下がって会長として組織を見守る立場です。男性は「たぬき親爺《おやじ》」という言葉があるように、どっしりとした会長のような存在感があります。物事に動じることはなく、何事にも臨機応変に対応する能力に長けています。女性は、親しみやすい愛嬌があり、同性、異性を問わず好かれる傾向にあります。自分の国をこよなく愛し、古風な考え方をする保守的な人です。全方位外交を対人対応の基本としているので、どんな人にも合わせられる柔軟性があります。いるだけで周囲を和ませる存在感は抜群で、自然とリーダー的な立場にいることが多いでしょう。勉強も仕事も手を抜くことはありません。

接する際の注意点

相手が喜ぶこと

場を和ませることに喜びを感じるたぬきは、「癒やされます」「一緒にいるとホッとします」など、ともにいる空気の良さを伝えてあげると喜びます。

禁句

調子がいいのもたぬきの特徴ですが、そこを真っ向から指摘すると反発します。「適当」「いい加減」「口ばっかり」といった言葉はタブーです。

子《コ》守《ア》熊《ラ》

長期的視点でコツコツと努力を積み重ねる堅実派

EARTH

特徴

- 一見おとなしい人が多い
- ボーッとしている時間がないと頑張れない
- 競争意識は強いが、負ける勝負はしない
- 計算高く、疑り深い
- しっぽを出さない
- 笑いをとるための毒舌家
- 常に最悪のケースを考えてから行動する
- サービス精神旺盛
- 後からあれこれと悔やむ
- ロマンチストだが現実的
- 南の島、温泉が大好き
- 長期的展望に立って考える
- 昼寝が好きで、夜は強い

有名人

福沢諭吉／森鷗外／松下幸之助／石原裕次郎／鈴木敏文／岸田文雄／ウィリアム・シェイクスピア／ルードヴィヒ・ヴァン・ベートーヴェン／フィンセント・ファン・ゴッホ／アルベルト・アインシュタイン／ポール・マッカートニー／デビッド・ベッカム／マーク・ザッカーバーグ

四柱推命では「病《びょう》」。会長も辞任して悠々自適な楽隠居といった位置付けです。

動物園でも、檻の前に「フラッシュをたかないでください」「ガラスを叩いて驚かさないでください」「大声を出さないでください」と書かれている通り、子守熊《コアラ》をビックリさせるのは厳禁。大声で怒鳴ると関係が悪化してしまいます。穏やかな声のトーンで会話を楽しんでください。夜が強い半面、朝はなかなか起きられないため、遅刻の常習者でもあります。しかし、常に長期的に物事をとらえているので、最後にはきっちりと帳尻を合わせます。

! 接する際の注意点

相手が喜ぶこと

子守熊《コアラ》はロマンチスト。自分の夢や理想を理解し、共有してくれる相手を好みます。「素敵な夢ですね」「きっと実現できますすよ」とポジティブな言葉をかけてあげましょう。

禁句

「理想を追いすぎている」「夢ばかり見て現実を見ていない」など、大切にしているロマンを否定されると傷つきます。また、「急いで」「早くして」と急かす言動も厳禁です。

ゾウ

やると決めたら最後までやる必殺仕事人

SUN

特徴

- 常に何かに打ち込んでいたい
- その道のプロ・達人を目指す
- 人の見ていないところで努力する
- 人の話は聞かない
- やると決めたら最後までやる
- 徹夜は平気
- 敵と味方の区別がハッキリしている
- 根回しがうまい
- 細かい計算はできない
- 問題発見のプロ
- 報・連・相ができない
- 話が大きい
- キレたときは最も怖い

有名人

坂本龍馬／勝海舟／野口英世／伊丹十三《いたみじゅうぞう》／五木寛之／吉永小百合／水木しげる／松任谷由実／稲盛和夫／中村天風《なかむらてんぷう》／フレデリック・ショパン／ゲオルク・フリードリヒ・ヘンデル／ナポレオン・ボナパルト／ニコラ・テスラ／グレン・ミラー／アンジェリーナ・ジョリー

四柱推命では「死」。生と死の境にいるような精神性を持った位置付けです。危篤状態とも言えるゾウは、常に死と向き合っています。「明日はない」という意識が強いので、待たされるのは大嫌い。すぐに対応してもらえないと、怒ってしまいます。ゾウは、耳が大きいのが特徴ですが、聞こえすぎるので普段は耳を閉じていて、人の話はほとんど聞いていません。そんなゾウに話を聞かせたいときは、「小声で話をする」のがポイントです。そうすると、ゾウは「耳ダンボ」になって全神経を話に集中させます。スケールの大きな仕事をするので、ときに特大ホームランをかっ飛ばします。

! 接する際の注意点

相手が喜ぶこと

いつも「大物」に憧れるゾウ。有名人や偉人の話にはすぐに食いつきます。また「すごいですね」とシンプルに褒められると、自分が「大物」になった気になって喜びます。

禁句

結論を急ぎ、「検討するので待っていてください」と待たされるとイライラします。長い話を聞くのも苦手。結論を簡潔に伝えてあげましょう。

ひつじ

協調性が高く、気配りのできるサポート役

MOON

特徴

- 寂しがり屋で独りぼっちが嫌い
- 仲間外れにされると傷つく
- 助け合いの精神を大切にする
- 「和」を乱す人を最も嫌う
- 客観的に物事を判断することができる
- 周囲への気配りがすごい
- 好き嫌いが激しい
- 「世のため人のため」が口癖
- 情報収集家
- お金を貯めるのが好き
- 何事も丁寧
- 愚痴・ぼやきが多い
- 毛にくるまれているので、本当の自分を出さない

✦有名人✦

黒田官兵衛（黒田孝高）／高杉晋作／吉田松陰／三島由紀夫／小野田寛郎《おのだひろお》／盛田昭夫／宮内義彦／星新一／武豊／葉加瀬太郎／井上康生／大谷翔平／ヨハネス・ブラームス／セルゲイ・ラフマニノフ／パブロ・ピカソ／クリスチャン・ラッセン／トーマス・エジソン

四柱推命では「墓《ぼ》」。人生の幕を静かに閉じ、自分の人生を振り返る位置付けです。

ひつじは常に群れている動物。「群れ」という字にも羊が入っているほどですから、これは習性と言えるでしょう。同様に、ひつじの最大の特徴も「いつもみんなと一緒にいたい」「仲間外れにされたくない」ということになります。また、すでに葬られた状態ですので、常に過去を振り返り後悔することも多く、どうしても愚痴やぼやきを言いがちです。その反省から、世のため人のためと、社会貢献に励むことにもなります。周囲への気配りを欠かすことはなく、自分のことよりも「大切な誰か」のために頑張れるタイプです。

! 接する際の注意点

相手が喜ぶこと

誰かのために頑張りたいひつじは、他人から相談されることを好みます。困ったことがあったらどんどん相談しましょう。重大な相談ほど、むしろ意気に感じてくれます。

禁句

孤独を恐れるひつじ。「あとはこっちでやっておきます」「こちらの話です」と一線を引かれるとショックを受けてしまいます。集まりがある場合にも必ずひと声かけましょう。

ペガサス

誰にもまねできないユニークな発想で魅了する

SUN

特徴

- 中身は外国人
- 地球人の姿をした宇宙人
- 気分屋・天気屋だが、それを隠そうとしない
- 気分が乗っているときとそうでないときの落差が激しい
- ピンとくる感性がすごい
- 長い話は不要。ポイントはひと言でいい
- いちいち細かく指示されるとダメ
- 束縛される環境に弱い
- 根拠のない考え方をする
- 自分で自分がわからない
- 他人が後ろを通っただけで気になって仕方ない
- 社交辞令の天才
- うなずきながら他のことを考えている

有名人

豊田喜一郎／井《い》植《うえ》歳《とし》男《お》／イチロー／松井秀喜／石川遼／植村直己／美輪明宏／田村正和／池井戸潤／高須克弥／アーネスト・トンプソン・シートン／アーネスト・ヘミングウェイ

四柱推命では「絶《ぜつ》」。魂の象徴でもあることから、唯一架空の動物となっています。

外国人気質であり、宇宙人的存在感の持ち主です。調子がいいときは、羽が大きく広がって天空を駆け巡るペガサスですが、落ち込んでいるときには羽が取れてロバになってしまうので注意が必要です。ユニークな発想は誰にもまねはできませんし、感性も豊かなので周囲を魅了します。しかし、学校や組織ではしきたりやルールが厳しいので、息苦しくなってしまいます。才能を認めてくれる先生や上司がいると、能力が最大限に発揮されます。日本では伝統や常識がうるさいので、海外で自由に羽ばたくのもいいでしょう。

接する際の注意点

相手が喜ぶこと

自分の個性を受け入れられると喜びます。「すごい！」「天才！」と、抜きん出ているペガサスの才能を称えてあげましょう。褒められたらどこまでも羽ばたきます。

禁句

理詰めの話や、「前例がない」「常識ではこう」といった一般論には拒否反応を示します。細かな確認や強権を発動した命令も、モチベーションを失うきっかけになります。

04 行動パターン2分類「目標指向型」と「状況対応型」

動物キャラクターを「円」で見る

ここまで、人間の個性を12の動物キャラクターに置き換え、個性の違いをつかんできました。この12の動物キャラクターは四柱推命では到達できない様々な分類をすることができます。

その分類の中でも最も影響が大きいのが、「目標指向型」と「状況対応型」という行動パターンの2分類です。次ページ図のように12動物キャラクターを一つ飛びで円に置いてグループ分けすることで、簡単に調べることができます。

目標指向型は、すべてのEARTH（狼・猿・虎・子守熊《コアラ》）とMOONの中の満月（黒ひょう・ひつじ）が該当します。目標指向型の比率は、全体の60％です。

目標指向型と状況対応型の円グラフの関係

目標指向型

状況対応型

©個性心理學研究所

状況対応型は、すべてのSUN（チーター・ライオン・ゾウ・ペガサス）とMOONの新月（こじか・たぬき）が該当します。状況対応型の比率は、全体の40％です。

ほとんどのトラブルの種は「行動パターンの違い」にある

147ページの表が、「目標指向型」「状況対応型」それぞれの特徴です。読むとおわかりいただけるように、「目標指向型」と「状況対応型」は水と油のように決して混ざり合うことはありません。真逆の行動パターンを形成しています。価値観も優先順位も仕事のとらえ方もまったく異なるこの2分類を理解しておかないと、真逆の対応をしてしまい職場内でのストレスから永遠に解放されることはありません。

上司と部下、営業マンと取引先、スタッフと顧客など、ビジネスにおけるトラブルの原因は、この2分類に起因していることがほとんどなのです。

恋愛においても、この分類の違いが磁石のプラスとマイナスのように強烈に惹きつけ合い恋に落ちますが、結局はこの分類の違いがストレスになり、破綻してしまうのです。これは、親子関係においてもいえることです。

目標指向型の特徴

・最初に目標を決めて、その目標に向かって頑張るタイプ
・何事も計画を立てて、その計画通りに物事を進めたい
・何事も期限を決めないと動けない
・結果重視
・臨機応変な対応は苦手なので、予定外のことが起こるとパニックになる
・指導するには、マニュアルが必要
・人間関係は、本音で話をすることから始まる
・酒の席では、仕事の話はしたくない

状況対応型の特徴

・大きな方向性だけ決めれば、あとは臨機応変に対応していきたいタイプ
・目標が達成されなくてもストレスにならない。目標達成よりも成功願望が強い
・一応計画は立てるが、計画通りに進まなくてもストレスにならない
・期限を決められるとストレスになる
・プロセス重視
・突発的な出来事やトラブルが発生すると燃える。想定外の対応に本領を発揮する
・マニュアルがやる気を阻害する
・対人対応は、建前となる。なかなか本音が言えない
・酒の席でやたらと仕事の話をする。酒の力を借りて本音を言いたい

世の中には、目標指向型と状況対応型しか存在しません。しかし、目標指向型が全体の60％を占めるのに対し、状況対応型は全体の40％にすぎません。多数決では必然的に、目標指向型の意見が通ることになります。状況対応型は常にストレスを抱えながら仕事をすることになってしまいます。

ただ、ビジネスには目標と計画と期限がつきものですから、状況対応型の人も仕事の上では目標指向型を目指さなければなりません。これもまた、ストレスの要因となり得ます。

目標指向型と状況対応型では、そもそも時間に対する考え方が違います。

目標指向型は、時間を「引き算」で考えます。9時30分に目的地に着かなければならないとすると、そこから逆算して起きる時間を決めます。7時に起きなければならないとわかれば、目覚まし時計は当然7時に設定します。

対して、状況対応型の時間は「足し算」です。9時30分に目的地に着かなければならないとすると、まずは7時頃に目覚まし時計を設定し、そこから足し算して9時30分に目的地に到着すればいいと考えるのです。

病院の受付の方が目標指向型の場合は患者さんに予約の確認をする際、「来週15日の水

目標指向型と状況対応型（時間の概念）

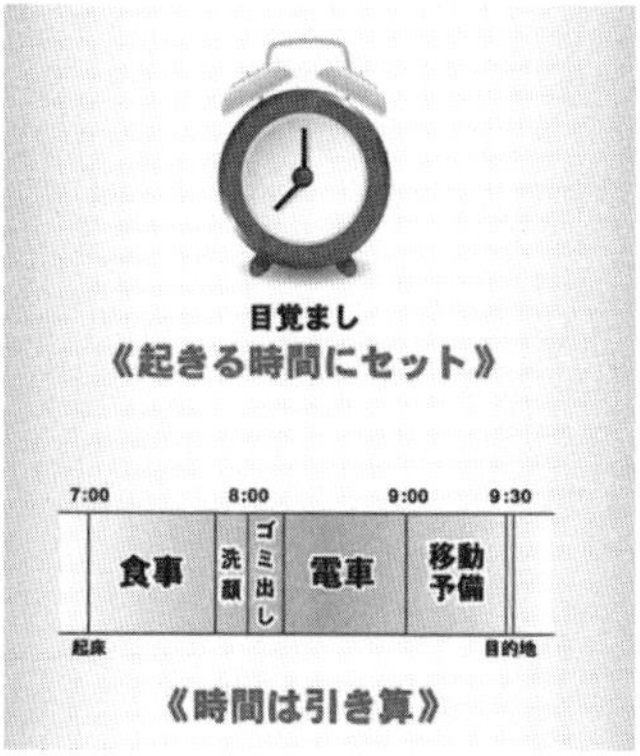

目標指向型

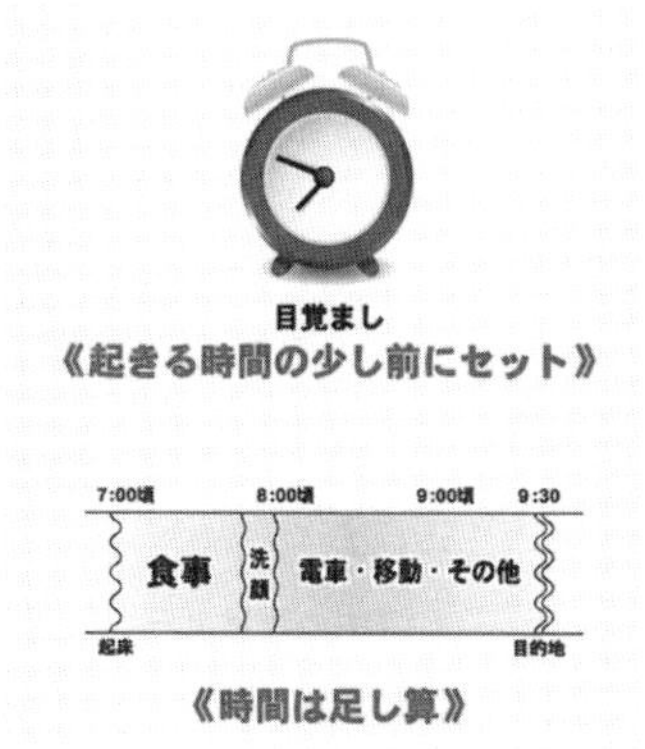

状況対応型

©個性心理學研究所

曜日、時間は15時でいいですね？」と的確に予定の日時を伝えますが、受付の方が状況対応型の場合は「来週の中頃どうでしょうか？　水曜日は空いてますか？　じゃあ、15時頃にしましょう」となります。このとき、患者さんが目標指向型だと「ちょっと適当じゃないか？」と不信感を抱くかもしれません。

「言葉のとらえ方」もここまで違う

目標指向型と状況対応型では、言葉のとらえ方も異なります。

たとえば、状況対応型が「映画にでも行こうか？」と言うと、目標指向型は「映画に行く」ととらえるので、「いつ？　何の映画に行く？」となります。

実はこのとき、状況対応型は映画に行く気がまったくないのです。頭の中では、「どこかに行こうよ。そうだなぁ～、ドライブもいいし、美味しいレストランで食事でもいいし、遊園地でもいいんだけど……」と思っているところに、たまたま映画のポスターが目に入ったために「映画にでも」と言っただけなのです。

ここで重要なのは、「映画にでも」の「でも」の部分。状況対応型は、決して映画と断定はしていないのです。

目標指向型と状況対応型（言葉の違い）

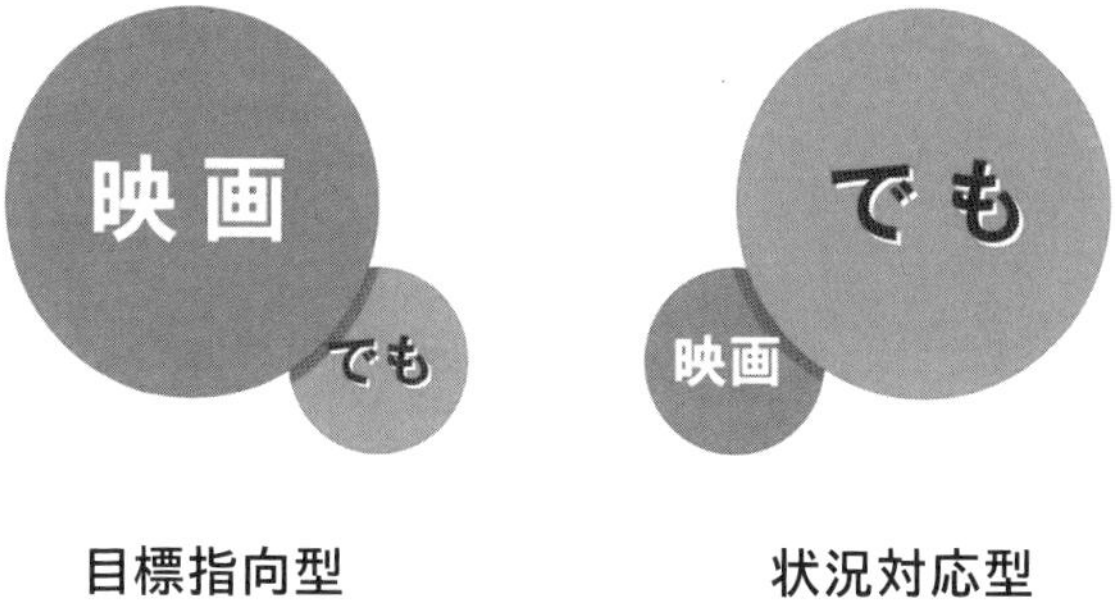

©個性心理學研究所

あくまでも、たくさんの選択肢の中の一つに過ぎません。目標指向型と状況対応型でコミュニケーションが成立しづらくなるのは、これが原因です。

飛行機や新幹線の予約、ホテルの予約、レストランの支払い、トイレの水の流し方、余命の告知など、日常生活を営む上でこの分類による行動パターンの違いから生じるストレスは、計り知れないほど大きいものです。

職場の人間関係や取引先の担当者をイメージしてもらえれば、これまでのストレスの原因が簡単にわかるでしょう。

もう相手の人間性までも全否定しなくてもいいのです。それらすべてを含んで「個性」なのですから。

05 心理ベクトル2分類「未来展望型」と「過去回想型」

12の動物キャラクターを円グラフにした後、上半分と下半分に分けると、心理ベクトル2分類が見えてきます。

「楽観」か「慎重」か

155ページの図をご覧ください。

上半分の動物キャラクターは、身軽な動物で構成されています。ペガサスは天空を駆け巡り、狼は軽快に走り、こじかはピョンピョン飛び跳ねて、猿は木から木へと飛び移り、チータは陸上最速の動物で、黒ひょうも俊足です。

これらの動物は「未来展望型」。人間の一生のエネルギーサイクルで見ても、それぞれの状態は魂→胎児→赤ちゃん→小学生→高校生→大学生であり、これから先の人生がはるかに長く、輝かしい未来が待っています。

そのため、何事も「どうにかなるさ」と前向きにとらえる傾向があります。

一方、下半分の動物キャラクターは、大きな動物や群れをなす動物、じっとしている動物で構成されています。ライオンは百獣の王ですし、虎はネコ科最大、たぬきは日本では置物として親しまれているほど微動だにしません。子守熊《コアラ》は木にぶら下がってじっとしていますし、ゾウは陸上最大の動物。ひつじは群れを成して行動します。

こちらは「過去回想型」。人間の一生のエネルギーサイクルで見ると、それぞれの状態が人生の後半に差し掛かり、重要な決断を迫られたり、これまでの人生をじっくりと振り返ったりするイメージです。何事も過去の実績や経験を重視し、決断を下すまでに時間をかける傾向にあります。

◎「衝突」が起きやすいのはどんな場面か

157ページに、未来展望型・過去回想型それぞれの特徴を挙げました。

やはり水と油。両者は決して交わらないことがわかります。

エネルギーサイクルで見る未来展望型と過去回想型

【心理ベクトル】

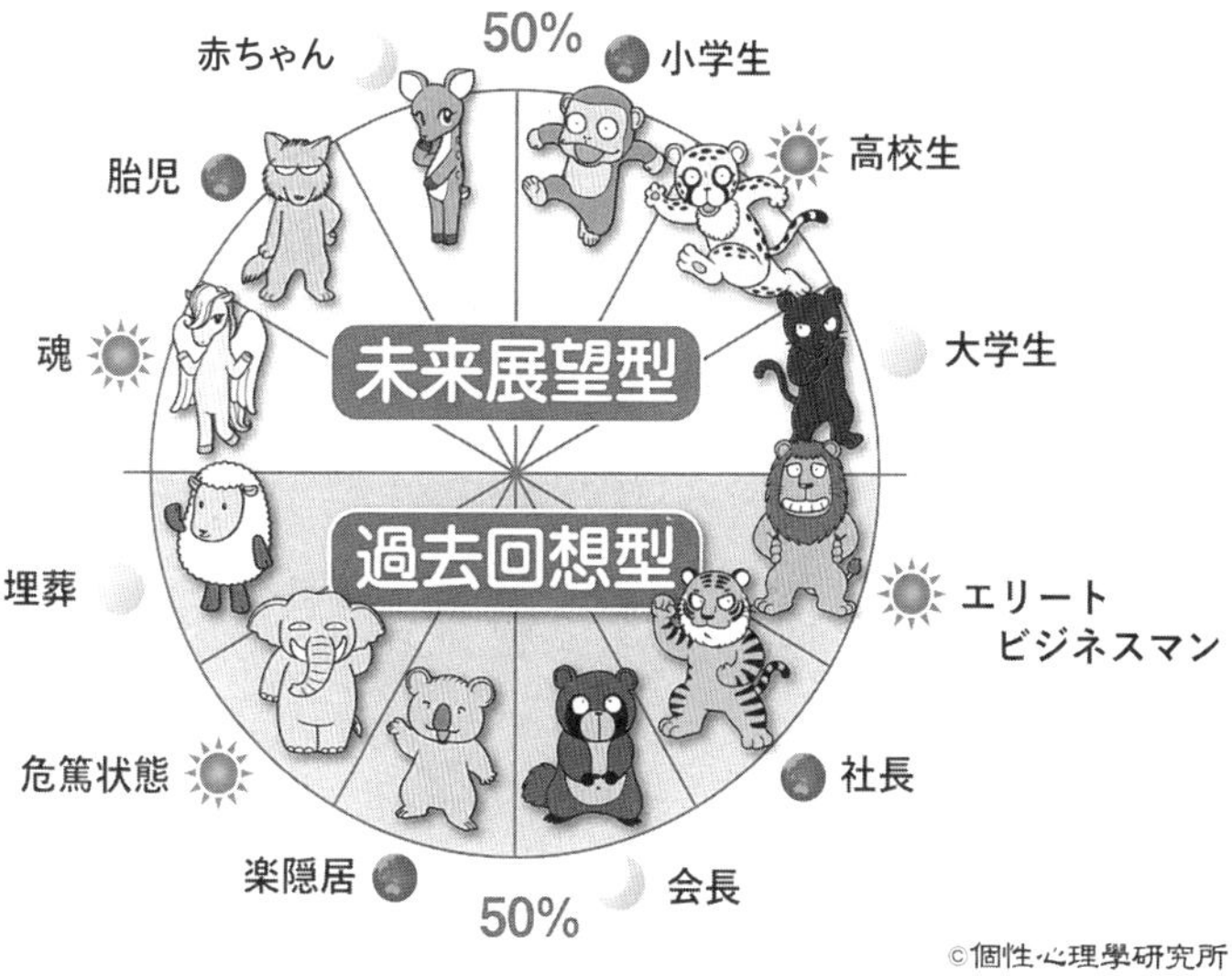

未来展望型はとにかく楽観的。たとえば旅行に行くときも「もし忘れ物があったとしても、現地で買えばいいや」と考えますから、出発時の準備は短時間で済み、荷物もとても少なくなります。

一方、過去回想型の準備は慎重そのもの。「忘れ物があっては一大事だ」と考えますから、準備にはたくさんの時間をかけますし、荷物も多くなりがちです。

この違いが、チームの中でのトラブルの種となり得るのです。

チームで挑むプレゼンの前に「なんとかなるさ派」と「もっと練習しよう派」で対立が起こったり、旅行前に夫婦げんかが起こったりするのは、心理ベクトルの違いによるものが大きいのです。

原因がわかれば、アキラメルことができます。相手の個性を認めてあげましょう。

未来展望型の特徴

・希望的観測。プラス思考の楽観論者
・将来のことを考える。過ぎた過去のことは気にしない
・意思決定した後のメリットを考える
・意思決定をした後に口を出されると、やる気をなくす
・旅行は荷物が少ない現地調達派
・万が一の場合の保険にはあまり興味がない
・可能性を追求するので、売り上げを優先させる
・防災意識が高いが、特に備蓄にはこだわらない
・車の燃料計の警告ランプが点灯しても「まだ走れる」と余裕がある

過去回想型の特徴

・悲観的観測。石橋を叩いて渡る慎重派
・常に過去を振り返る。過去の経験や実績を重んじる
・意思決定しなかったときのリスクを考える
・プレッシャーをかけられると、やる気をなくす
・旅行は荷物が多い用意周到派
・「もし何かあったら」と考えるので、保険は好き
・慎重に対応するので、経費を優先させる
・防災意識が高く、備蓄を心掛ける
・車の燃料計の警告ランプが点灯したとき、「しまった! さっきのスタンドで給油すればよかった」と後悔して不安になる

06 思考パターンは「右脳型」と「左脳型」の2つに分かれる

「感覚派」か「現実派」か

12の動物キャラクターの円を左右に分けると、思考パターンの2分類が見えてきます。左半分は「右脳型」で「感覚派」。現実社会を引退したグループと、誕生してまだ就学する前のグループで構成されています。お金を稼ぐというキーワードは出てきません。目に見えない世界や死後の世界に興味を抱くのも、このグループの特徴です。

右半分は「左脳型」で「現実派」。まさに現実社会を生きている学生と社会人のグループで構成されています。学生もアルバイトに忙しい毎日ですし、小学生もお小遣いを貯めるのに必死です。社会人グループは仕事中心の生活で、定期的な給料や報酬が約束されています。

右脳型と左脳型

【思考パターン】

©個性心理學研究所

「右脳型」と「左脳型」はここで衝突する

161ページに、右脳型・左脳型それぞれの特徴を挙げました。「行動パターン」「心理ベクトル」と同様、やはり両者は相容れないことがわかります。

右脳型は想像力を最重要視し、何事も「ピンとくるか、こないか」という感性で受け止めます。

一方の左脳型は現実的で理論的。何事もデータで判断しようとします。

右脳型の部下が発案した新企画が、左脳型の上司によって却下され、部下は「あの上司は頭が固い」と愚痴る。職場のあるあるですが、これは決して「部下の企画が甘い」わけでも「上司の頭が固い」わけでもありません。単なる「思考パターンの違い」による考え方のギャップを埋められなかっただけなのです。

12の動物キャラクターを円で見ると、他人とどこで衝突しやすいかが見えてきます。トラブルを解決するヒントも、トラブルを防ぐヒントも、すべて12の動物キャラクターに隠れているのです。

右脳型の特徴

・精神エネルギーが高いグループ（波動や精神世界）
・直感やイメージで考えることが多い
・理論ではなくて、イメージで説明されると納得する
・想像力がたくましく、非現実的に考える
・非現実社会で生きている（老人〜赤ちゃん）
・精神的満足を考える
・自分の感情を重視する
・意味のないギャグに笑える
・医師・弁護士・大学教授・牧師・僧侶など、モノを売るよりもコンセプトを売る職業に向いている

左脳型の特徴

・経済エネルギーが高いグループ（ビジネスの世界）
・理論や計算で考えることが多い
・イメージではなく、論理的に説明すると納得する
・目の前にあることを現実的に考える
・現実社会で生きている（学生および社会人）
・金銭的満足を考える
・自分の考えや理屈を重視する
・オチのあるギャグに笑える
・商社マン・金融マン・営業マン・職人・技術者など、ビジネスの世界に生きる職業に向いている

Column 2

『杉の木の両親と松の木の子ども』

(Shichida books刊より要約)

昔々あるところに、杉の木の夫婦が住んでいました。

2人とも同じ杉の木ですから、価値観も同じでとても仲の良い夫婦でした。

ある時、待望の赤ちゃんが生まれました。

両親はとても喜び、我が子を可愛いがって育てました。

ところが、子どもが成長するにしたがって、両親は「おかしい」と思うようになりました。なんと、生まれて来た子どもは「松の木」だったのです。

木はまっすぐに上に伸びるものだと信じていた杉の両親は、くねくねと曲がりくねって伸びる松の木の我が子を理解することができません。「なんとかしなくては」と我が子を病院に連れて行きました。

最初に診てくれた松の木の先生は、「どこも悪いところはなく正常です」と言い、次に診てくれた桃の木の先生は、言っていることがチンプンカンプンで杉の木の両親は不安でいっぱいに。続いて診てくれた杉の木の先生の診断は「異常」でした。にもかかわらず、両親は「やっと私たちを理解してくれる本物の先生に会えた」と感激したのです。

やがて成長期を迎えた松の木の子どもは、さらに枝を横に横にと伸ばしていきました。それを見た両親は、頭にきて我が子の枝を全部切り落としてしまったのです。

その後、親の言うがままに、杉の木が行く学校、塾、病院に通うことになった松の木の子どもは、学校で枝を切られ、塾で枝を切られ、病院でも枝を切られてしまったのです。

さて、この子は、将来立派な大人に成長するでしょうか………。

Chapter
4

組織作りに「個性」の分析は欠かせない

弦本將裕
辻盛英一

01 営業マンのための個性心理学

個性が一致すれば、成約率は飛躍的に伸びる

最初に結論から言ってしまうと、「個性が一致すれば、成約率は飛躍的に伸びる」。これが、個性心理学を25年間伝え続けてきた私、弦本の答えです。

顧客にも個性があるように、営業マンにも当然個性があります。没個性でマニュアル人間になってしまっている人で、トップセールスマンになった人に会ったことがありません。一流と言われている営業マンは、みな輝ける個性を武器にしているのです。そしてその武器をさらに強固にしてくれるのが個性心理学です。

ある高級車のディーラーで常にトップの成績を上げている方から聞いた話です。

「人は、理論的納得だけでは絶対に車は買わない。感情的納得に訴えることが大事なんです」と。

車の燃費や馬力、加速指数など、カタログにも載っているデータを羅列するだけでは、耳を傾けてくれるお客様は、そう多くはないでしょう。むしろネットで調べたほうがはるかに多い情報量を得ることができます。それよりも「この車は社長にとても似合っていますよ」「これなら、ゴルフに行くのも快適ですね」と感情に訴えかけたほうが、その気になるお客様が多いそうです。

顧客の個性が把握できれば、会話を弾ませることができるようになります。そして会話が弾めば成約率も自然と高くなります。これらのことは、ここまで紹介してきたMOON・EARTH・SUNの3分類や動物キャラクターに、顧客と営業マンの相性を当てはめることで説明できます。

ただし、実はもう一つ、顧客の購買意欲をくすぐるのに、知っておきたい個性があるのです。それが「運気」です。

営業マンなら知っておきたい人間の「運気」

みなさんにも、「高価なものをつい衝動買いしてしまった」という経験があるのではないでしょうか。その衝動買いをしてしまった日を個性心理学で分析してみると、「浪費」

の日が圧倒的に多かったことがわかっています。浪費の日とは、「財布の紐がゆるくなって、気持ちが大きくなり、意思決定が曖昧になってしまう」日のこと。冒頭のディーラーは、この「運気」を含めて、顧客の個性を理解し、活用していたのです。

今まで何度も断られてしまっているお客様に対して、「きっとこの人は買ってくれないだろう」とあきらめてはいませんか？　そのお客様に他社の似ている商品を買われてしまったという経験はありませんか？　そのお客様にとって、商品が必要な時期があっただけなのです。もし、そのタイミングがわかるとしたら、みなさんは知りたくありませんか？　営業マンであれば、成績が上がらないときに「お客様が判子を押したくなる日がわかったらいいのに」と思ったことが一度や二度はあるはずです。

季節に春夏秋冬と変化があるように、人間の運気も「毎年」「毎月」「毎日」のサイクルで常に変化しています。力量的には問題ないのに試験結果が良くなかった、準備万端だったのにプレゼンに失敗した。そんなときは、運気が関係している場合が多いのです。個性心理学では、運気を5期10種に分けて解説しています。個性心理学を学ぶことで、自分や相手の運気が現在どのような状態にあるのかを知ることができるのです。

02 5期10種の運気を味方にする

5つの期を自分の味方につける

運気には、5つの期があります。

「開墾期」「発芽期」「成長期」「開花期」「収穫期」と、植物の成長過程に当てはめて運気の役割を表しています。

ビジネスパーソンにとってこの5つの期がそれぞれどのようなものかについてお話ししましょう。運気の仕組みを知り、自分が今、運気の中でどういう状況にあるのかを把握することで、ピンチを回避してチャンスをつかむことができます。

●開墾期

人間関係を改めて見直し、情に流されることなく不要な人間を断ち切らなければなりません。手放すことで、新たな人間関係が構築できます。

また、仕事に必要な資格を取ったり、勉強会や講演会にも積極的に参加したりしましょう。情報収集に努め、飛躍のときに備えるのです。この開墾期に努力を惜しんではいけません。この時期の努力が将来必ず実を結びます。

●発芽期

一生懸命仕事に打ち込み、自分の目標に向かって邁進する時期です。いろいろと仕事以外の誘いも多くなるときですが、仕事を優先してください。誘いの半分は断る勇気が必要です。

ただ、あまり根を詰めて働くと体調を崩してしまうので、適度な休養も必要です。発芽するときには膨大なエネルギーを消費しますから、健康管理を怠らないこと。気を緩めるとお金がどんどん出て行ってしまうので、倹約を心がけてください。

●成長期

人間が成長するときは、何かと軋轢《あつれき》が生じるものです。職場での人間関係に気を配り、不要な争いに巻き込まれないようにしましょう。

周囲から誤解されたり理解を得られなかったりと、精神的な悩みが尽きない時期でもあります。仕事以外の友人や趣味の仲間との交流を通じて、心身のバランスを崩さないようにすることが大事です。

●開花期

仕事が面白くて仕方がない最高の時期です。気力も充実して、何もかもうまく事が運びます。取引先との関係も良好で、申し分のない成績を挙げることができるでしょう。

周囲との人間関係も極めて良好で、昇進や昇格が期待できます。悩みとは無縁の理想的なビジネスライフを送ることができます。運気がいいときであるだけに、付き合いも多くなります。ただし、異性との関係には注意しなくてはなりません。

●収穫期

ビジネスマンとしては、これまでの仕事の集大成ともいえる時期です。周囲からの評価も高く、仕事も思いのまま。これまでの努力が結実する。そんな素晴らしいときです。

ただ、そんな達成感から本業以外に目が向いたり、他社からお誘いを受けたりすることもあるでしょう。新しいことにチャレンジしたい気持ちも強くなります。自分のステップアップとして前向きに考えてもいいかもしれません。

◎今何をすべきか、してはいけないかがわかる

5つの運気をさらに10種のリズムに分けて見ることで今、自分が何をすべきか、また、してはいけないのかがわかります。それぞれ見ていきましょう。

●開墾期

①整理

広大な大地を前に、進むべき方向を模索している状態で、物事の判断基準が定まらない時期です。焦って事を急いでしまわないよう注意しましょう。現在の環境をじっくりと見直して、自分にとって必要なもの、不要なものを整理する期間と考えましょう。

②学習

大地を耕し準備を始めるようなイメージで、公私ともに「学び」がキーとなる時期です。ぼんやりとしていた目標が明確になりつつあるので、資格や検定試験など、興味があることには積極的にチャレンジしてみましょう。

●発芽期

③活動

大地にまいた種が芽吹くようなイメージで、さらなる成長を求め、やりたいことに向かって積極的に行動していく時期です。まだ力量不足の面もあるので、焦らずに一歩一歩、着実に進むことを心がけましょう。

④浪費

大きな仕事を終え、ひと息ついた状態です。新しいものに興味が生まれる時期でもありますが、財布の紐が緩みがちになるので、大きな買い物や出費は慎重に。次のステップに向け、力を蓄えておきましょう。

●成長期

⑤調整

芽が順調に成長し、精神的にも安定する時期です。一方で微妙なひずみが生まれるのもこのタイミングです。変化を求めるより現状を見つめ直し、メンテナンスをするような気持ちで過ごしましょう。

⑥焦燥

植物がぐんぐんと成長していくイメージです。自信がついてくる時期でもありますが、そのために周囲との軋轢が生まれやすくもなっています。うまく感情をコントロールすることが、さらなる成長を促すことにつながります。

●開花期

⑦投資

自分から積極的に行動することが成功につながる時期です。この時期に出会う人とは長く付き合うことになりそうです。人からの頼まれごともなるべく引き受けるようにしましょう。出費がかさむこともあるかと思いますが、投資と考えるようにしましょう。

⑧成果

これまでの努力が結果として現れてくる時期です。周囲からの信頼も厚くなり、ビジネス面ではほとんどのことが順調に発展していくことでしょう。転職や起業など思い切った決断もいい方向へと向かう傾向にあります。

●収穫期

⑨転換

気持ちはすでに次へと向かっているような状態です。これまでやってきたことに物足りなさを感じ始め、新しいことにチャレンジしたい気持ちが強くなってきます。ただし、新しい出会いはトラブルをもたらすこともあるので慎重に見極めましょう。

⑩完結

10年のサイクルの中で頂点を迎える時期です。豊作に恵まれ、仕事、金銭面、人間関係すべてが思い通りに進みます。興味があることには積極的にチャレンジしましょう。「運気」の終わりではなく、次の10年に向けての始まりと捉えましょう。

これらの運気は、12の動物キャラクターを、さらに60分類にまで落とし込んだキャラクターに対応しています。60分類は、個性心理學研究所の公式サイト（https://www.noa-group.co.jp/）で詳しく知ることができます。

①から⑩までのサイクルは、この順番通りに巡るものではありません。また運気は年・月・日にまで落とし込むことができますが、それらを一つひとつ解説するには紙幅が足りません。今の時点では、個性心理学をより深く学ぶことで、人生の運気まで把握できるようになっていくと認識しておいてください。

リズム解説

周期		トキ	運気レベル				キーワード	
			総合運	恋愛運	金運	健康運		
開墾期	これから種をまく大地をまさに掘り起こし、耕す時期。苦労の多いときですが、この時期にどれだけ耕し、種をまき肥料をやったかで、今後の実りが決まります。人生と同じです。苦労を経験した人にしか、成功を体験することはできません。この時期の過ごし方が、今後のあなたを決めるのです。	整理	3	3	2	3	・身辺整理で心身ともにリフレッシュ ・気の流れも整えよう	→ 整理整頓、交通整理、断捨離 人間関係の整理、身辺整理
		学習	6	7	6	5	・よく学びよく遊ぼう ・名誉/表彰台/金メダル	→ 学はインプット、習は反復 女性の結婚はGood 女性は成果
発芽期	開墾期にまいた種が、いよいよ発芽する時期です。この時期が最もエネルギーを使いますが、決して投げやりになってはいけません。小さな芽を大切に育てましょう。新たなスタートの時期ですから、とても重要です。植物を育てるときに最も神経を使うのが発芽の時期。ここを乗り切れば、今後の展望が大きく開けていきます。	活動	5	5	4	6	・スタートダッシュで先行逃げきり ・新たな巣立ち	→ 新たなるスタート、新規事業 全員、生まれた日は活動の日
		浪費	2	2	1	1	・エネルギーの充電 ・衝動買いには注意 ・体調管理	→ お金や体力などのエネルギーが出ていく 体調管理、早寝早起き
成長期	発芽した目がグングンと成長する時期です。この時期は、自分のことばかり気になり、周りとの調和が図りにくくなります。おおらかな気持ちでいることが、大きく成長する秘訣です。衝突と調和を繰り返す時期でもありますが、人間的には、あなたが最も成長できる素晴らしい試練の時期であると認識してください。	調整	4	6	3	4	・人の調和とハーモニー ・転ばぬ先の杖 ・良好な人間関係	→ 人間関係が良好 調和＝ハーモニー
		焦燥	1	1	5	2	・笑う門には福来る ・触らぬ神に祟りなし ・人間関係トラブル	→ 人間関係トラブル イライラ 事故やケガに注意 夫婦喧嘩
開花期	これまでの努力が実って、みごとに大輪の花を咲かせるときです。この時期は花見に人が集まるようにたくさんの人と出会い、親交を深めます。何をやってもうまく行く時期ですが、感謝の気持ちを忘れずにいることが大切です。運気も急上昇で、願いが実現するというチャンス到来の時期です。積極的に行動してください。	投資	8	8	9	10	・金は天下の回りもの ・闘志/透視 ・視界良好	→ お金は出ていくがリターンがある 運命の出会い 利殖や投資
		成果	9	4	10	7	・棚からボタ餅 ・一石五鳥 ・濡れ手に粟 ・チャンス到来	→ ビジネス運、金運が絶好調 ギャンブル、成功 恋愛はイマイチ
収穫期	いよいよ収穫のときがやってきました。今までの苦労がやっと実を結ぶのです。人気の高まる時期ですが、次の収穫期までの準備を始めるときでもあります。良い時期だけに長期計画を立てて真に実り多き人生にしましょう。男女共に異性との出会いや交際が活発になります。いわゆる「モテ期」がこの時期なのです。	転換	7	9	7	8	・変身願望 ・天使の誘惑 ・心ゆらゆら ・浮気	→ 気持ちの変化が生まれる ウキウキ、新しいモノへのチャレンジ
		完結	10	10	8	9	・パーフェクト人生 ・モテ期突入 ・運気MAX	→ フィニッシュではなく、パーフェクト 女性がいちばん美しく輝くとき

©個性心理學研究所

03 経営者のための個性心理学

経営者が必ず直面する「人間関係」の悩み

企業のトップの悩みは、およそ次の3つに集約されると言われています。

①お金
②健康
③人間関係

この中で最もわかりやすい悩みは、おそらく「お金」でしょう。従業員の給料、仕入れにかかるコスト、会社を維持していくための運転資金など、ビジネスをするにあたっては、まず先立つものが必要です。「お金」に関してはたとえ手元に資金がなくても、しっかりしたアイデアや信用があれば、銀行や投資家など相談に乗ってくれる機関が存在します。「健康」については、日常的な運動や食事管理に加え、定期的な健康診断を受けることでリスク回避することが可能です。自分の身体を熟知してくれている主治医がいれば、より安心でしょう。

では「人間関係」についてはどうでしょうか。新卒採用、中途採用、人事評価、人事異動、取引先との関係、顧客との関係……。もっと細かいところでは、社内の派閥、部署間の対立、上司と部下・従業員同士のトラブルなどもあり、「人間関係」の悩みは枚挙にいとまがありません。

そして「お金」「健康」の悩みと決定的に違うのが、「人間関係」を解決してくれる有効なシステムは、現状ではほとんど存在しないということです。最近では社員の顔が瞬時にわかるシステムが話題になっています。便利な機能であることに間違いはありませんが、これで営業効率が大幅に向上したという話は聞いたことがありません。

コミュニケーション能力を上げるには、相手の個性を把握することが必要

ビジネスで求められるスキルで最も重要なのが、コミュニケーション能力の高さだと言

われています。では、ビジネスで必要とされるコミュニケーション能力とは、いったいどういうものなのでしょうか？

大学で弁論部に所属していたとしても、それは単に弁が立つだけで、ビジネスにおけるコミュニケーション能力とは無縁です。すべての弁護士がコミュニケーション能力に長けているわけではないという現実を見てもよくわかります。

ビジネスで必要とされるコミュニケーション能力とは、相手が欲しているもの・ことを把握する〝汲み取り力〟と、それに応える〝提案力〟です。つまり、相手の個性を理解・把握することがコミュニケーションを成立させるための近道なのです。一方通行のコミュニケーションなど存在しないということを理解しなければなりません。

離職理由の1位は「人間関係」

それは社内の人間関係にも同じことが言えます。居酒屋へ行くと、仕事帰りの会社員が上司の悪口を言っている場面をよく見かけます。そんな会社なら辞めてしまえばいいのにと思いますが、生活があるために簡単に辞めるわけにはいきません。翌日も満員電車に揺られながら嫌々出社しているのです。こんな状況で、社員は全力で仕事に取り組むことなどできるでしょうか？

厚生労働省が発表した「令和2年雇用動向調査結果の概況」の「転職入職者が前職を辞めた理由別割合」によると、「職場の人間関係が好ましくなかった」が、「労働条件」や「給与への不満」を抑えて1位となっています（※定年・契約期間の満了／会社都合／その他の理由を除く）。

実は会社自体が嫌いで辞めていく人は、意外と少ないのです。離職理由の1位は、なんといっても人間関係です。「あの人が嫌」で会社を辞めていくのです。会社は選べても上司は選べません。相性の悪い上司に出会ってしまったら、もうその会社では夢も希望も持つことができなくなってしまいます。

時間とお金をかけて採用した人材が、そんな理由で流出していってしまうのは、会社にとっても大きな損失です。今いる社員の才能や能力を最大限に引き出すのが経営者の仕事です。社員の個性を十分に把握し、周囲との相性を見るべきなのです。しかし面接や面談をしたところで、社員はそう簡単には腹を割った話をしてくれないでしょう。だからこそ私は、経営者の方々に個性心理学を上手に活用していただきたいと思うのです。

◎経営者が個性心理学を学ぶべき理由

一流の指揮者は、各楽器の個性を十分に把握しています。さらにそれを演奏する人の癖も見抜いています。すべての楽器が同時に好き勝手に音を出したのでは、それはもう雑音でしかありません。きちんとした楽譜があって、指揮者の思想や想いが指揮棒に現れることで、指揮者が理想とする音楽が奏でられるのです。

私は、経営者は指揮者と同じだと考えています。楽器を持つ演奏者は、それぞれの個性を持った従業員です。そして目の前にある楽譜は、現在取り組むべき仕事です。指揮者が変われば、どんなオーケストラも奏でる音楽が変わります。会社も同様で、経営者が変われば、会社は変わるのです。

社風は経営者の個性です。個性の多様性が叫ばれる今日、経営者は個性心理学を学んで組織力のアップを図っていく必要があるのです。

04 リーダーの最初の仕事はチームのメンバーの「個性」を知ること

部下の個性によって声かけを変える

「これをしないと出世しないぞ」「これをしないと給料が増えないぞ」「これをしないと周りから白い目で見られるぞ」……。

上司は部下をいろいろな方法で指導をするのが仕事です。ところが部下は「よけいなお世話」と思っているかもしれません。部下が大切にしているのは、出世でもお金でも社内での人間関係でもなく、自分の時間かもしれないのです。

何のために仕事をしているのかは、人それぞれ違います。それを理解せずに、「稼いでこい」「出世するために頑張れ」の一辺倒では、部下はやる気がなくなってしまいます。

そこで上司は、まず部下が仕事をしていく上で何を大切にしているのかを知る必要があります。「一人ひとり呼び出してヒアリングするのも相手へのストレスになるし、飲みニケーションという時代でもない。どうすれば相手の本心を聞けるだろうか?」と思うかもしれません。

そんなときこそ、個性心理学の出番です。

会社員の仕事に対するスタンスは、基本的に次の3つの価値観に分類することができます。

・MOON…仕事にまつわる人間関係を大切にする。
・EARTH…生活を大切にし、仕事は生活の糧として捉えている。
・SUN…出世したい、自分の仕事がすごいと思われたい、と考えている。

とりあえずこの3分類を理解して、部下によって対応を変えていくだけで、あなたの話は前よりもずっと相手に届くようになります。具体的には次のような声のかけ方です。

・MOONに対して…「あなたがこの仕事をもっと頑張れば、周りの人たちとの関係もずっと良くなると思うよ」

・ＥＡＲＴＨに対して…「こんなふうにやったら、これくらいの利益が上がって、給料も良くなるよ」
・ＳＵＮに対して…「君のやっている仕事は宇宙一だ！」

こんなふうにそれぞれの個性を理解した上で声かけをしてあげれば、部下のモチベーションは自ずと上がっていくことになるのです。

リレーション（個性の力関係）を理解することで、部下を平等に評価する

上司は部下に対して、好き嫌いが入ってしまいがちです。自分の好きな部下に対しては評価が高くなり、嫌いな部下の評価は低くなる――これはとても不公平です。

しかし、実は好き嫌いというよりも、特定の個性に対する苦手意識があることが原因である場合が多いのです。

個性には、それぞれのキャラクターに対してどちらが主導権を握りやすいかというリレーション（個性の力関係）があります。38ページでお話しした「ジャンケンの法則」です。

これを部下指導に生かすのです。

たとえば、ひつじが上司だった場合、部下がペガサスであれば力関係的に苦手な相手なので評価が低くなりがちです。一方、部下が虎であれば、自分の言うことを聞いてくれるから評価が高くなる、といったケースがあります。

しかし、自分と部下の関係を個性の相性として理解していれば、「彼はペガサスだから苦手意識があっただけなんだ」とわかるので、評価がまったく変わってくるのです。

また、こじかとチータが組んで仕事をしているとき、実力は同じくらいなのにいつもチータの意見が通っているな、と思ったらヒューマンリレーションを確認してみましょう。こじかはチータに弱いので、もしかすると、こじかのほうが良い意見を持っているかもしれないのに、議論で負けているだけかもしれません。そういうときはあえて、こじかの話を聞いてみるといいでしょう。

リレーションを知っていれば、両者の力関係を見て、意識的に弱いほうの意見を聞くなどといった対処も可能になるのです。

ヒューマンリレーション（ジャンケンの法則）

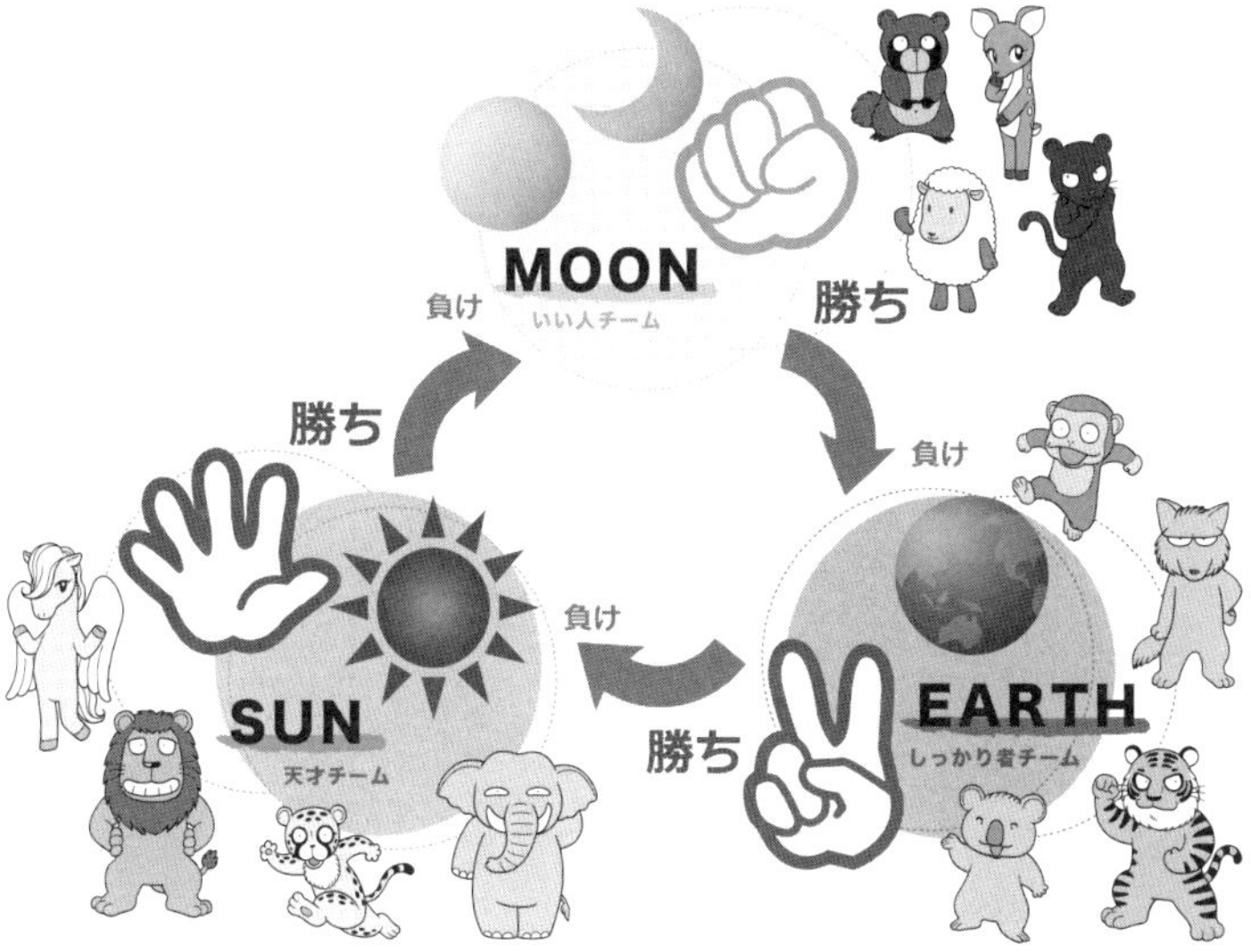

©個性心理學研究所

リレーションは3分類だけでなく12種類にもあります。

たとえば「猿」の場合、いちばん動かしやすいのが「ペガサス」で、次いで「狼」「ゾウ」と続きます。自分と同じ「猿」は6番目に位置しているので、必ずしも動かしやすい関係ではありません。いちばん動かしにくいのが「たぬき」です。

©個性心理學研究所

12分類ヒューマンリレーション一覧表

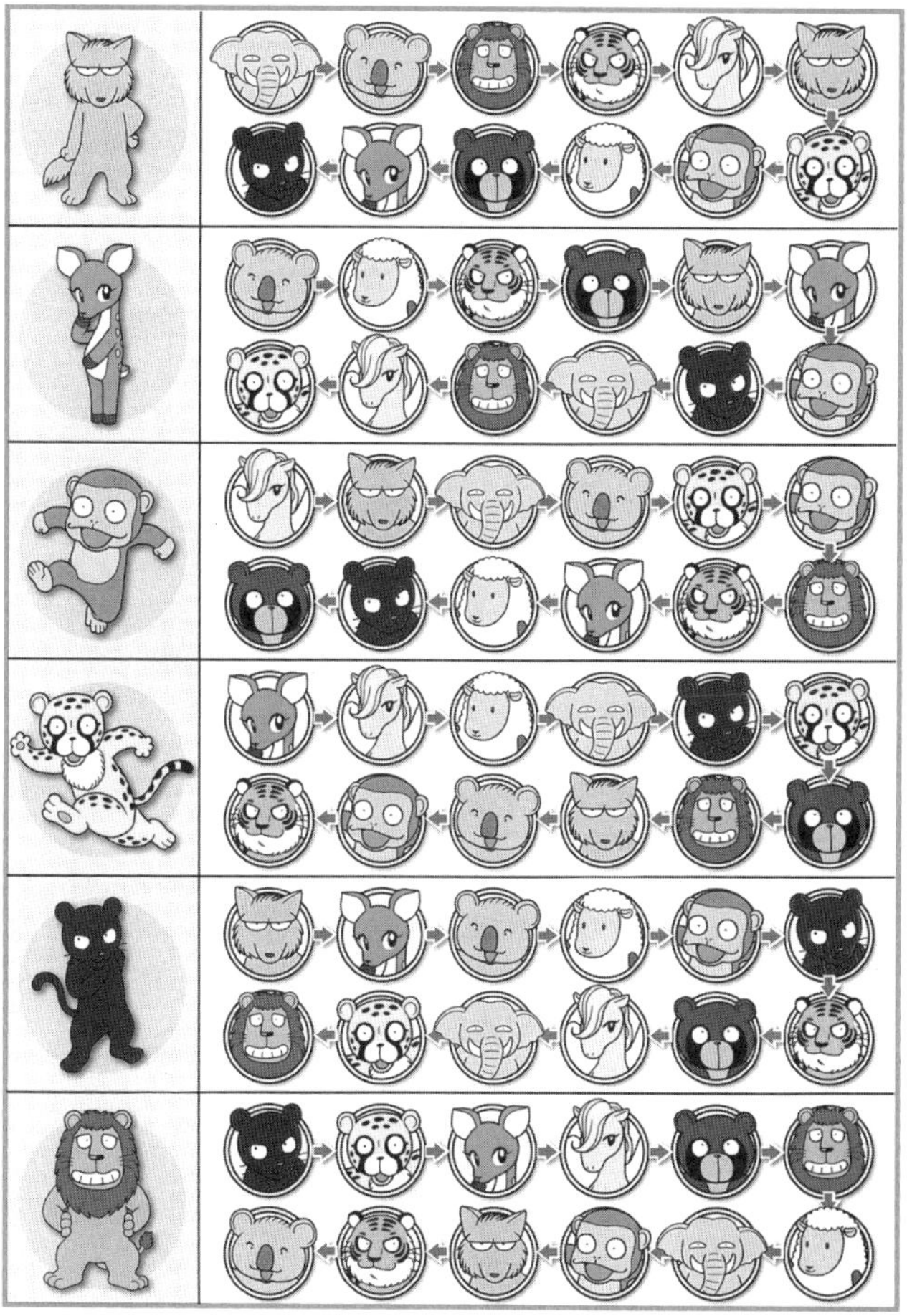

05 リーダーは、チームメンバーの意見を公平に聞く&聞き方を変える

リレーションに合わせて、リーダーが担当割りを作る

リーダーは、チームメンバーの個性（動物キャラクター）を理解した上で話を聞くことによって、相手の意見の本質を汲み取り、組織にとってより良い判断を下すことができます。

またリレーションを理解すれば、これまで重要視してこなかった自分より弱い個性の人の意見を積極的に聞くこともできるようになるのです。

「本当に個性の力関係なんてあるの？」と疑問を感じる方もいるかもしれません。

しかし、リレーションは結果にはっきりと現れます。

たとえば、私、辻盛の個性は黒ひょうですが、生命保険の契約をお預かりするときに、リレーションでいちばん強い立場となる狼に対しては断然、良い成績を収めることができ

るのです。「こういうプランがあります。これでどうですか？」と聞くと、狼はほぼ100％「いいですね」と答えていただけます。こちらが相手の個性を知らなくても、契約をお預かりしたあとで狼だったとわかるのです。

実際、個性心理学を勉強したのちに顧客の個性を調べたところ、面白いことに圧倒的に狼が多かったのです。契約を提案して「考えておきます」と答えたのち、次回で「やっぱり辞めておきます」と断られるのは、ライオンやチータの人たちばかりでした。彼らは、黒ひょうよりも強い力関係を持つ個性の持ち主たちなのです。個性心理学が統計に基づいているからこそ、こんな不思議な現象が起きるのです。

リレーションの活用法については、ルートセールスをやっている会社の例があります。「前の担当のときは売り上げが好調だったのに、新しい担当になったら売り上げが突然上がらなくなった」と相談されたことがありました。

そこで売り上げの傾向をよく調べてみると、これまでとは違う会社の売り上げが急に良くなっていました。つまり、セールスマンの実力だけではなく、前の担当と今の担当では得意先との個性の力関係が逆になっているケースが多いことが原因だとわかりました。

こんなふうに担当替えをしたときに結果が出ないのは、実力だけではなくてリレーションが原因のことが多いのです。そこで得意先の社長の生年月日で個性を調べ、そのキャラクターに強いキャラクターを担当にしたところ、この問題は解決したのです。

つまり、リレーションに合わせてリーダーが担当割りを作れば、効率が上がり、結果的にメンバーの実力を公平に測ることにもなるのです。

リレーションによる力関係は、「自分より強い人の意見を素直に聞く傾向」のことを指します。部下からの意見を公平に聞くためには、相手の個性だけではなく、部下たちの個性の力関係を理解していることが大切になってくるのです。

未来展望型と過去回想型で仕事の振り方を変える

個性の3分類やリレーションだけではなく、「未来展望型」と「過去回想型」の分類をリーダーが知っておけば、部下に仕事を振るときにさらに役に立ちます。逆にこの分類を知っておかないと、向いていない仕事を部下に渡してしまうことがあるのです。すると部下にとっては大きなストレスになって、会社に行くのが嫌になってしまうかもしれません。仕事の振り方は、次のようになります。

「次のプロジェクトの売り上げを倍増してほしい」↓未来展望型
「今回のプロジェクトのレポートを出してほしい」↓過去回想型

たとえば未来展望型に、今回のプロジェクトでなぜ失敗したか、レポートに書いてほしいと頼むと、「失敗したことを振り返っても何も生まれない。そんなことどうでもよい」と思っているので、まともなレポートは返ってきません。逆に、過去回想型に新しい企画を頼んでもストレスになるだけです。

大きなプロジェクトの仕事を分担させるときは、未来展望型と過去回想型の性質を踏まえて活用すれば、その人に向いた担当をすぐに決めることができます。

また、メンタルヘルスの面でも、「この人は過去回想型で思い悩みがちだから、気をつけてあげよう」と注意することもできるようになります。

06 幹部こそ、個性と相性が大事

右腕幹部にはトップに強い個性を登用する

社員が社長の言うことを聞かず、会社の経営がうまくいっていない場合、間に入って社員との間を取り持ってくれる右腕幹部が必要になってきます。

とは言っても、「そんな有能な人はなかなか見つけられるものではない」と思うかもしれません。

しかし、個性心理学を使えば、既存のメンバーからでもナンバーツーを登用し、会社をうまくまとめることができるのです。

私、辻盛が相談された事例で、社長がＳＵＮのチータで、従業員がほぼＭＯＯＮという小規模な会社のケースを挙げてみます。

接客業を営むこの会社では、社長の意見が全然社員に浸透していませんでした。「社長の言うことは意味がわからない」「付いていけない」と社員の間で不満が高まり、不穏な空気が漂っていたのです。

しかし、SUNの社長はMOONに対して強い立場にあるので、社員たちの話に耳を貸さず、ますます溝は深まるばかりでした。

そこでまず、SUNに強い分類であるEARTHのベテラン社員（虎）を幹部に抜擢しました。社長が社員に指示した内容で理解できないことがあると、MOONが意見を言いやすいEARTHの幹部へ伝えます。そして幹部から社長に伝えてもらうことで、コミュニケーションが円滑になるようにしたのです。こうして、社員からの意見を社長に通りやすくしました。

すると、会社がうまく回り出したのです。

SUNの社長は利益を求めて「頑張れ、頑張れ」と言います。ところが、MOONの社員は「楽しく仕事をしたい」と思っていました。だからいくら社長が「頑張れ」と言っても押しつけになってしまい、社員のストレスが溜まっていたのです。

社員という立場だから仕事はやるけれども、社長の言っている意味はわからない、といった気持ちで働いていたので、会社はバラバラになりつつありました。
間にＥＡＲＴＨの幹部が入ることで、「こうすれば楽しく成果を出せるよ」と社長の意見に社員たちの気持ちをブレンドした方針を打ち立てることができました。「そのやり方で頑張りましょう」と社員たちも納得して働き出し、経営も上向きになったのです。

ジャンケンの法則では、ＳＵＮはＭＯＯＮに強く、ＭＯＯＮはＥＡＲＴＨに強く、ＥＡＲＴＨはＳＵＮに強い。これが社会的立場と重なるとき、さらに強い力関係が生まれてしまうことがあるのです。

社会的に強い立場にある社長が、３分類上でも社員より強い立場にあると、社員たちはトップに絶対に勝てません。完全に従属したワンマン体制になるか、ストレスが溜まって反抗したり、やる気がなくなったり、疲れたから辞めていくといった不調和な関係が生まれてしまいやすくなります。

そこで、不満が溜まっている社員たちが勝てる分類の中間管理職を間に入れると、社員たちは遠慮なくその人に相談できるようになります。また、その人が社長に対して強い立場であるために社員たちの意見が通るので、会社がうまく回るのです。

3分類をバランス良く入れた幹部陣営が基本

12分類のリレーションまで分析すると、もっと効果的な人事が可能になります。

たとえば、専務と常務の仲が悪い会社があるとします。社長が黒ひょうで、専務がライオン、常務が狼だと、社長は自分より強い個性にある専務の意見ばかり重宝します。常務は専務より強い立場にあるのですが、社長は専務の言うことばかり聞いて、自分の意見が通らない。すると常務はストレスを感じて、辞めてしまうことがあります。

この場合の解決法は、もう一人顧問を入れることです。リレーションで言えば、この2人に遠くない個性の人が適役です。ライオンの専務が強い立場にあるのなら、ライオンに最も強い子守熊《コアラ》などの個性を顧問として入れるとバランスが取れます。常務は一旦、顧問を通して話すことで、関係が中和するのです。

江戸時代には、ご意見番という立場の人がいました。将軍や権力者などにも遠慮なく自分の意見を言える立場の人です。

会社にも、一人はご意見番が必要です。なぜかと言うと、会社内の力関係のバランスが崩れたときでも、中和してくれる役割の人がいることで、組織がバラバラになったり派閥による抗争が起こりにくくなったりするからです。

このご意見番は、会社内のバランスから個性心理学に基づいて、どの個性の人が適役か見きわめることが必要です。

基本的に組織の幹部陣営には、MOON・EARTH・SUNの3分類を入れるともめごとがなくなります。

会社の中で人間関係がギクシャクしているときは、グー、チョキだけでなくそこにパーを入れるという感覚が大切だということです。

あるいは社長がワンマンで強い立場にあって、会社がうまくいっていない場合は、社長に対して強いキャラクターを間に入れるとバランス感覚が良くなります。逆に社長に対して弱いキャラクターをナンバー2にすると、ますますワンマンが助長され、会社がバラバラになってしまいます。

会社の人間関係で悩んでいる経営者は、個性心理学の3分類を理解し、バランスの取れた分類の幹部陣営を構築するようにするといいでしょう。

07 自分の個性を会社の経営戦略と掛け合わせる

適材適所で個性の長所を生かし、短所を補い合いながら経営戦略を進める

経営戦略は、まず明確な大目標を立て、次に具体的な計画を立てて実行するという順番になります。

3分類の中で、大きな目標を立てるのにいちばん向いているのが、天才型のSUNです。大きなビジョンを持っているこの分類の人たちは、既存のやり方にとらわれず、時代の流れを先取りするような新しい企画を打ち出すことに長けています。また、どんな方法でも売り上げを作るような実行力も持ち合わせています。

日本を代表する経営者であるソフトバンクの孫正義氏（ライオン）や京セラの稲盛和夫氏（ゾウ）など、レッドオーシャンでの価格競争よりも、これまでにない大胆な経営戦略と哲学でブルーオーシャンに乗り出し、大きなビジネスを成功させた天才型のSUNが多

いのです。

一方、地に足の着いたEARTHは具体的な数字に強く、SUNが打ち出したビジョンを現実化する力を持ち合わせています。

協調性のあるMOONは実際にそのビジョンを普遍化し、世の中に浸透する役割が向いているでしょう。

何でもできる完璧な人間はいません。

それぞれの長所を発揮し、短所を補い合ってこそ、会社の経営戦略は現実的なものとなるのです。だからこそ、SUNとEARTHとMOONが適材適所でバランス良く配置された会社が、どのジャンルでも成功しているのです。

個人で言えば、自分の個性を認識し理解した上で、苦手な部分はチームのメンバーに補ってもらって解決していくという姿勢が大切です。金銭の勘定が苦手なSUNが「嫌なことも仕事だから」と頑張っても会社のためになりませんし、ストレスになるだけです。

トップと幹部陣営の個性の相性を考慮する

もちろん、大きな会社のトップが必ずしもSUNであるわけではありません。

たとえば、ユニクロの柳井正氏の個性は、黒ひょうのMOONです。MOONがトップの会社は、幹部がMOONかEARTHが多いのです。なぜなら、力関係的にそのほうが社長の意見が通りやすく、幹部からの意見も社長が素直に取り入れるため、人間関係も良好で、会社がうまく回るからです。言わば、合議制で会社を経営するのに長けているのがMOONの経営者の特徴なのです。

一時、柳井氏が社長を退き、ライオンが個性の新社長が就任しました。黒ひょうからするとライオンはリレーション的に最も主導権を握られやすい相手であり、優秀に見えます。ところが、トップダウンになりがちなライオンの下では、これまで会社を支えてきたMOONやEARTHの幹部たちは、自分の意見を聞いてくれないことに不満を持ちます。

一方、ライオンの社長は「これからはこういう方針でやる。付いてこられない人は付いてこなくていい」と打ち出しがちなので社内で意見が対立してしまい、これまでの地盤を生かすことが難しかったのです。つまり、SUNが社長の場合はトップダウンになりがちなので、力関係で強い立場にあるご意見番を登用するなどの工夫が必要だったのです。

お家騒動に発展した某高級家具会社の例は、経営戦略と個性が合わなかった典型です。前社長の個性はSUNのライオンで、新しい社長の個性はEARTHの猿でした。SU

Nである前社長は一人ひとりに丁寧に接客し、リッチ感を体験してもらう営業路線を打ち出していましたが、ＥＡＲＴＨの新社長はすぐに利益を上げたいと広告費を削り、価格を下げる経営戦略に方針転換したのです。

ライオン中心のワンマン組織だった会社が、急にＥＡＲＴＨの社長になったところでうまく回るわけがありません。そもそも、高級家具というブランド物にはＥＡＲＴＨ路線は合わなかったのです。だとしたら、高級路線はそのままの経営戦略で残しつつ、新しい低価格ブランドを立ち上げ、幹部もＥＡＲＴＨを補佐するメンバーで一新するなどの新たな指針を立てる必要があったのです。

こんなふうに、個性心理学を学ぶと経営戦略と経営者や幹部の人選、バランスがいかに重要かがはっきりと見えてきます。

08 個性を認め合うと相手の良いところしか見えなくなる

相手の個性を認めることが、人間関係の最初の一歩

誰でも、苦手な人や相性の悪い人がいると思います。

ご近所さんに苦手な人がいるかもしれませんし、隣の席に座っている同僚が苦手という人もいるでしょう。嫌いではなくとも、何となくその人の側にいると居心地が悪いなど――。これは人間性が嫌いだとか苦手というよりも、相手の個性を認めていない（知らない）ことが原因なのです。

そこで個性心理学を学び、「この人は、おおよそこういった傾向がある個性の持ち主なんだ」ということが見えてくると、苦手な部分が許せるようになります。個性には短所もあれば長所もあり、今まで自分は相手の短所の部分ばかり見ていたことが理解できるようになるからです。

会社員なら、これまで苦手だった相手とチームを組むことを厭《いと》わなくなりますし、相手の長所を認めて、お互いの力を引き出し合おう、というポジティブな関係が生まれることすらあります。なぜなら、苦手なタイプほど、自分が持っていない長所を持っているケースが多いので、一緒に働いていく上でプラスになることがわかるからです。するとますます相手の長所や良いところがはっきりと見えてくるので、人に対する苦手意識というものがなくなっていきます。

夫婦関係なら、夫がいい加減で怠け者に見えていたのが、「この人はライオンだから、会社では人一倍頑張っていて、家の中ではオフモードなのだ」と許せるようになっていきます。もしも相手の個性を認めていなかったら、家庭の中がいつもギスギスして居心地が悪い空間になり、戦場になってしまいかねません。職場だけではなく家庭でも、まずは相手の個性を認めることが、良好な人間関係を築く第一歩になるのです。

誰一人として仲間外れにしない個性心理学

SMAPのヒット曲に「世界に一つだけの花」というものがあります。

この歌では、「No.1にならなくてもいい　もともと特別なOnly one」といった歌詞が出てきますが、自尊心を傷つけられがちな私たち現代人の多くの人の心に刺さるものだと思います。

個性心理学は、言わばこの歌詞を現実世界に当てはめて、本当に実現してしまう、きわめて現実的で、ポジティブな心理学です。

とりわけビジネスの分野では、どうしても「成功や出世を目指す」「売り上げナンバーワンを目指す」といった思考になりがちです。これまでの社会や会社組織の中では「ナンバーワンを目指す」という価値観が幅を利かせ、それによって人を差別したり、序列を付けたりするという構図がありました。

こういった成功至上主義、経済至上主義は、好景気で世の中がうまく回っているうちは「頑張れば、出世して家を建てることができるんだ」といった、みんなの共通の目標になり、違和感なく受け入れられてきました。ところが世の中が不景気になり、頑張っても簡単にはお金を稼げない世の中になると、この価値観は反転して、個々人を差別したり攻撃したりするようなネガティブな色合いを持つようになっていきました。

すぐに使えないやつはいらない、といったような冷たく、ドライな人間関係が蔓延すると、その組織の人間関係は殺伐とした愛のないものとなってしまいます。結果的に、組織としてのマンパワーが弱くなり、経営が傾いていくのです。

個性心理学を学ぶと、これまで苦手だった人や、評価していなかった人が本来持っている長所や魅力に気づき、相手に興味を持って近づいていくことになります。

個性心理学で言う「個性」は、統計学に基づいた「個性の傾向」のことを言います。

ですから、必ずしも人間を12や60の個性に限定するといったものではなく、むしろ相手の個性の傾向性を知り、その奥底にある本当の個性を理解するためにこそある、人と人との距離を縮める温かい心理学なのです。

個性心理学を会社や実生活の中に取り入れることで、人を差別せず、誰一人として仲間外れにしない組織を作りましょう。

付録

個性心理学を導入した事例9

事例 1

たかの友梨ビューティクリニック
株式会社不二ビューティ　会長　**たかの友梨**

社員研修や販促ツールに活用。すっかり定着した個性心理学

私が個性心理学と出会ったのは、日本で空前の動物占いブームが起こった1990年代後半のことでした。

昔から占いに興味を持っていたこともあり、難解な四柱推命をわかりやすく12の動物キャラクターに当てはめた動物占いにはとても親しみを感じていました。そんな折、動物占いは、弦本將裕氏が研究されている個性心理学が基となっていることを知りました。

以降、全国店長研修や新入社員研修に弦本先生をお呼びして、個性心理学を活用した接客術や対応法などを講義していただいたり、人気のキャラナビ手帳を販促ツール「たかの友梨キャラナビ手帳」として導入したりと、個性心理学を大いに活用させていただいております。

当社はスタッフのほとんどが女性であり、それぞれの性格をイメージしやすい動物キャラクターに当てはめる個性心理学はすんなり受け入れてもらうことができました。おかげさまでスタッフ間のコミュニケーションも取りやすくなり、動物キャラクターを使うことでお客様との会話も弾むようになりました。お客様との距離感にも良い影響が出てきて、本音のご相談を受けるようにもなってきました。

弦本先生には社内報「たかの友梨月間ニュース」に動物占いの連載をしてもらったこともあり、当社ではすっかり個性心理学が定着しています。これからも、スタッフの定着率の向上や顧客満足度をさらに高めるために、個性心理学をより深く理解し、活用していきたいと思っております。

事例

2

株式会社URARA　代表取締役　**小川雅教**

個性心理学を実践して3カ月で売り上げが30%アップ！

私は大阪・滋賀・和歌山の3エリアで、「うらら骨盤整体院」という整骨院を5店舗経営しています。

もともと個性心理学のことはメディアなどで見聞きしており、漠然とおもしろそうだなとは感じていました。会社の経営に個性心理学を導入したのは、従業員の離職防止に何かしら役立てばという、比較的軽い思いからでした。実は最初は半信半疑だったのですが、思った以上に従業員同士のコミュニケーションが円滑になり、想像以上の効果が出たため、患者さんにも利用できないかと個性心理學研究所のサポートを受けながら顧客管理システムとして個性心理学を導入しました。

具体的には、①新規患者さん募集広告を3分類別に変える、②来院された患者さんのキャラクター別に声のかけ方を変える、③それぞれの患者さんと相性の良い施術者を担当にする、の3つです。

結果は驚きのものでした。3カ月で売り上げは30%アップ、離反率はなんと80%も減少しました。

今後は社員全員に個性心理学を学んでもらい、社内コミュニケーションをさらに良くして、店舗数を増やしていきたいと思っています。

当院では様々な経営手法を取り入れ、先進的な整骨院経営をしていますが、個性心理学は今や欠かせないツールとなっています。

事例
3

株式会社アスカ　代表取締役　**呉奉大**

懐疑的だった社員も、現在は楽しみながら活用

株式会社アスカは、埼玉県に7店舗のパチンコホールを展開する会社です。弊社が個性心理学を導入したきっかけは、従業員の定着とお客様が快適に当ホールをご利用いただける施策に頭を悩ませていたときに、辻盛さんからすすめていただいたことです。

最初は「社長が占いを導入しようとしている」と社員たちから奇異な目で見られました。それでも思い切って導入してみたところ、社内の人間関係がみるみる円滑になり、雰囲気も明るくなってきたのです。正直、驚きました。

その成果を実感したのか、今となっては社員も、人の配置やシフトを組む際に関係性が良い動物キャラクターでチームを組んだり、運気の良い人が商談に当たったりするなど、個性心理学を楽しみながら活用しています。

また、営業面でも効果を感じています。リピート率が上がったり、少しの空いた時間でもご利用いただけるお客様が増えたりと、確かな手ごたえがあります。売上増加の要因は、従業員の接客の良さと、居心地の良さにあると思います。

お客様に最高のサービスを届けることが弊社の想いです。そのためにも、これからも全社員により深く個性心理学を勉強してもらい、会員のお客様が快適に当ホールを利用していただける接客や案内を心掛け、「パチンコするならアスカで」と思ってもらえる会社、また、一生この会社で働きたいと言ってもらえる働きやすい職場を作っていきたいと考えています。

事例 4

株式会社ケンショウ　代表取締役　**熱田敏広**

チームワークの向上が新規の仕事を呼び込む結果に

弊社は創業以来、幸いなことにここまで順調に成長してくることができました。一方で、業績拡大に伴う急速な社員の増加は、人間関係の問題を生み出しました。そこで、社内の人間関係を良いものにすることを目的に個性心理学を導入することにしたのです。

その効果はすぐに表れました。従業員同士のコミュニケーションが円滑となり、現場でもスムーズに仕事が進むようになったのです。またチームワークの良さが、お客様からの仕事に対する信頼につながり、さらに仕事が増えるという好循環を生みました。仕事が増えると従業員も増えますが、新たに仲間に加わった従業員も初めから当社で働いていたのかと思えるぐらい溶け込んでくれています。個性心理学を活用すれば、人間同士のコミュニケーションを改善することができるのです。

弊社の場合、銀行との付き合いも良くなり、お金の悩みも解決することができました。また、取引先との関係の改善、売り上げ向上にも拍車がかかりました。

従業員の頑張りと応援もあり、人間関係の悩みがなくなったことが自信となったことで、Ｍ＆Ａでさらなる会社の拡大をすることができています。個性心理学は、会社を発展させることのできる最高のツールです。

今後も弊社のお客様との信頼関係第一のカラーをしっかり全面に押し出し、唯一無二の会社を目指していきます。

事例 5

元サッカー日本女子代表　**海堀あゆみ**

個性や運気がわかるから 戦術や対策が立てられる

個性心理学との出会いは、現役を引退してからでした。個性心理学は、現役時代に感じていたコミュニケーションの疑問を解決してくれただけでなく、人との違いを個性として認識させてくれました。

また、自分自身の個性の特徴を理解・意識することで、自分の感覚や個性と向き合う時間ができ、日々の生活をより充実させてくれました。

最近は個性だけでなく、運気も意識するようにしています。毎日変わるのは「運気」と「天気」というように、運気は日々変わるものです。先入観にとらわれてしまうのではと思われるかもしれませんが、知らないよりは知っていたほうがいいと思っています。これはサッカーでも同じことが言えます。知っているからこそ、いろいろな戦術や対策を立てられるのです。悪いこともネガティブに捉えるのではなく、ポジティブに変換して受け入れて、行動するようにしています。

現在は、今後個性心理学をどのようにより生かしていけるのかを考えながら、日々検証しているところです。個性を生かせる組織作りや組織内での人間関係、また、親子関係などで、個性の違いを受け入れることが組織や個人の成長につながり、正しい評価にもつながるのではないかと感じています。

これからも個性心理学を生かして、世の中に個性が埋もれない、笑顔のあふれる世の中に寄与できるように日々検証、実践していきます。

事例
6

株式会社しちだ・教育研究所　代表取締役　**七田 厚**

感銘を受けた弦本先生のお話を絵本化

私の父で七田式の創始者・七田眞は、「親の役目は、子どもの個性の成長を手助けすること」にあると言い、わが子に個性を無視した教育を押し付けることを戒めていました。また、子育ての二大NGは、「子育てに基準を持つこと」と「他の子どもと比較すること」として、親の思い通りに子どもが育ってくれないと悩むのではなく、子どもの個性をよく見て、子どもが伸びていきたい方向に伸ばせるよう、環境を整えてあげなさいと言っていました。

ご縁があって、私が初めて個性心理學資格認定講座に出させていただいたとき、弦本先生が話されていた『杉の木の両親と松の木の子ども』のお話が、父の話と似ていてとても心に響きました。

このお話の主人公は、杉の木の両親と、その間に生まれた松の木の子どもです。杉の木は上に向かってまっすぐに伸びていきますが、松の木は横へ枝を伸ばしクネクネと成長していきます。個性は人それぞれ異なること、そしてそれを理解し、認め合うことの大切さを説いています。

私はこのお話が絵本になったら、さらに多くのお母さんたちの心に届くのではないかと思い、弦本先生にご快諾をいただいてこのお話を絵本にして刊行しました。さらには弦本先生からご提案いただき、芸能人で認定講師第一号の白石まるみさんに読み語りをしてもらい、DVDも添付、英語圏の方にも伝えることができたらと英語の副音声もつけました。

個性心理学の根幹部分を心に残る物語として描いたこの絵本は、教育現場でも役に立つすばらしいツールだと思います。機会があればぜひ手に取っていただきたい1冊です。

事例 7

大澤歯科医院　歯科医師　**大澤優子**

歯科医院ならではの人間関係を個性心理学で解消

歯科医院経営の最大の悩みは「スタッフマネジメント」です。なぜなら私たち歯科医師は、大学で人材マネジメントを学ぶことなく開業するからです。

育った環境の違い、また年齢が離れるほど、人間は分かり合うことが難しくなってきます。スタッフの思考の癖や価値観の違い、行動パターンを理解するのは至難の業です。

そんな悩みを解決してくれたのが個性心理学でした。拙著『歯科衛生士のトリセツ』（かざひの文庫）の4章「個性心理學のススメ」では、スタッフ（部下）を育てて、辞めさせないためのポイントを解説しました。スタッフの3分類による評価ポイントの違いは院長が覚えておくべき重要なポイントです。

院長がスタッフの問題で悩むのと同様に、スタッフも院長のことで悩んでいます。スタッフから見た院長の個性を解説したのが『歯科医のトリセツ』（かざひの文庫）の4章「個性心理學をマナブ」です。院長の攻略法と、スタッフ自身の評価を高めるためのコツを解説しました。

院長、スタッフ双方が相手の「個性」を理解することができたら、歯科衛生士の退職理由の上位に位置する「職場の人間関係」という悩みが解消されると考えます。

歯科医院という狭い空間で長時間を過ごす歯科医療従事者にこそ、より良い人間関係を築くための個性心理学は欠かせない実学です。

事例 8

女優・タレント　白石まるみ

芸能人第一号の個性心理學資格認定講師

私は、人生で二度大きな転換期を迎えました。最初の転換期は、15歳のとき。郷ひろみさんの恋人役募集の記事を友達と見て、面白半分に応募したところ、なんと4万人の中から選ばれて、ある日突然芸能人となったのです。おかげさまで、「ムー一族」「スチュワーデス物語」「家政婦は見た！」「意地悪ばあさん」など、数多くのドラマに出演させていただきました。

そして、第二の転換期は、個性心理學創始者の弦本將裕先生と偶然美術館で出会ったときです。柿《こけら》落としで私がモデルとなったフィギュアが展示された美術館に、突然、弦本將裕先生が訪れたのです。

もともと占いに興味があった私は、当然動物占いも大好きで、弦本先生のご著書も読んでいました。そのおかげですぐに意気投合することができました。

「芸能人で個性心理學の正式な認定資格を持っている人はいないから、君が勉強して第一号になったら？」と背中を押されて資格を取得。その後、個性心理學研究所のホワイトタイガー支局も立ち上げ、現在は支局長として全国を講演して回る日々です。弟子の育成にも力を注ぎ、私が育てた講師・カウンセラー・アドバイザーは300人を超えるまでになりました。芸能人も数多く所属しています。

個性心理学は、本当に素晴らしい実学で、人間関係の改善にはもってこいです。私も、企業研修を通じて多くの経営者の方々と交流させていただいていますが、感謝の言葉を頂戴することが多くあります。この仕事は、私の天職であると思っています。

弦本將裕先生、ありがとうございました。

事例
9

全日本空輸株式会社（ANA）　パイロット　**有賀輝富**

クルーとの関係構築に個性心理学を活用

航空事故は、技術革新により1970年代までは大幅に減少の一途を辿ってきました。しかし残念ながらそれ以降は横ばいで撲滅には至っておりません。これは「人間は必ずエラーする生き物」であるためで、事故の約半数には何らかのヒューマンエラーがかかわっていることが明らかになっています。

かつては５名の専門家（機長、副操縦士、機関士、通信士、航法士）が乗り組んでいたコックピットも、近年の機体では機長と副操縦士の２名となり、個人に掛かるミスやエラーの責任がより大きくなりました。このような環境では、「対人関係」が安全に直結する問題となります。そのため、私は個性心理学を現場で活用しています。クルーの個性を知り、良い関係を築くことは危機管理上、大変重要なのです。

また、私は路線教官として将来の機長を育てる仕事を担っていますが、人材育成に関しても、訓練生の個性を知ることが良い指導につながります。訓練生の本質を見抜き、個人に合った指導方法を選択することで、訓練効果を最大限に高めることができるのです。

最近では個性心理学をベースに、航空人間工学を使い職業スキルへの応用も研究していますが、実地データから高い相関性が得られ、有効性が確認できました。

個性心理学は、様々なシーンで有効的と言えます。

エピローグ

「風は、目には見えないけど風車は回る。音楽は、目に見えないけど心に響く」

これは、私の大好きなJ・S・バッハの言葉です。

目に見えない世界は、目に見える世界よりもはるかに大きく、私たちに影響を与えているのだと思います。

「相性」や「運気」なども目には見えませんが、その存在があることは多くの人が知っていますし、感じているはずです。

ひと口に相性と言っても、恋人との相性、結婚の相性、仕事の相性、親子の相性、友人との相性と、その関係によって相性は姿を変えて現れます。

とても仲のいい夫婦に子どもがいなかったり、逆に喧嘩が絶えない夫婦が子だくさんだったりと、どうやら心の相性と身体の相性は別のものだったりするのです。

離婚の原因としてよく言われるのが、「性格の不一致」ですが、「性＝身体」「格＝心」と解釈すると、なるほどと納得してしまいます。ルックスに惹かれて結婚するカップルもいますが、「顔の不一致」で別れるなんて話は聞いたことがありません。どんなにハンサムな夫であっても、美人の妻であっても、3年も一緒に過ごすと感動は薄れてしまいます。だからといって、それを理由に離婚するという話にはなりませんよね。やはりお互いの絆は相性で結ばれているということに気づくはずです。

夫婦というのは、「愛情」という言葉が示す通り、最初は「愛」の比重が高いのですが、徐々に「情」で深く結びついていくものなのだと思います。この「愛」も「情」も目には見えません。これらは感じるものだからです。

Chapter4で詳しく書かせていただきましたが、「運気」も目には見えません。しかし、私たちは宿命・運命・運気・運勢などに翻弄されて生きています。

「毎日変わるのは、天気と運気」

天気予報は毎日見ていても、自分の運気を毎日気にしている人は少ないでしょう。「今日はこれから雨が降る」と知っていたら、傘を持って出かけるはずです。つまり、自分の運気を知らないで生活しているということは、いつ降るかわからない雨に怯えて生活しているようなものなのです。あらかじめ自分の運気を知っておくことは、リスクマネジメントの観点からも、経営者やビジネスパーソンにとっては必要不可欠の要素になっています。

これは、自分自身もそうですが、社員・取引先・顧客などすべてに当てはまります。採用面接でも、履歴書の内容だけで書類選考したり、面接の受け答えだけで採用の可否の判断をしたりしてしまいがちですが、果たしてそれだけでいいのでしょうか？　膨大な採用予算をとり、研修に時間もお金もかけているのに、それでも社員は辞めていってしまう。

では、どうやって離職率を低下させたらいいのでしょうか？

離職の原因の第1位は、常に人間関係です。「会社が嫌で辞めていくのではない。あいつが嫌で辞める」のです。

先にもお話ししましたが、社員の離職を防ぐには、まずこの人間関係を改善させなければなりません。しかし、その手段も方法も、これまで確立されたものはありませんでした。

そこで、今注目されているのが個性心理学の活用なのです。

1. 採用時には、生涯リズムをはじめとした運気をチェックする
2. 採用候補者の個性を知ることで、その人の強みや弱みがわかる
3. 配属先の上司との相性が事前にわかる

これだけでも、従来の人事戦略とは格段に違う効果が期待できます。社員の運気がわかれば離職信号もわかります。青・赤・黄のどのタイミングで言葉がけをしたらいいのかがわかるのです。しかも、個性に合わせた言葉がけができるので、相手の悩みを解消させることもできるのです。

離職対応のほとんどのケースが、辞表が提出されてから引き留めに奔走するというものですが、すでに信号は「赤」になっていますので、ここでいくらフォローしても相手の意志は固く、次の就職先が決まっているのであれば、なおのこと辞意を翻すのは困難です。運気から見て「黄色」の段階でコミュニケーションを積極的に行い、意思の疎通を図ることが重要なのです。

会社向けのシステムやソフトは、便利さや効率性を追求したものばかりで、「人間関係を改善する」システムはこれまで皆無でした。かといって、四柱推命や算命学をそのままビジネスの世界に導入するといっても、専門のソフトは見当たりません。

個性心理学であれば、相手を動物になぞらえ視覚的に捉えることができますし、日々の運気や相性も一目でわかりますから、実学として実践的に活用できるツールとなるでしょう。また、弊社の「個性診断レポート」を使えば、個性の可視化も共有が可能となります。日々一緒に働く社員同士なら、何となく相手の個性や癖などもわかるかもしれませんが、取引先や顧客の個性・癖・心理などを常に把握するのは難しく、だからこそ、接待ゴルフや飲食を通じて、膨大な時間とお金をかけて相手を知る努力を続けてきたはずです。しかし、その結果はどうでしょうか？ 時間もお金もムダだったということが多かったと思いませんか？

ある世界的なメガバンクの社長経験者から、こんな話を聞いたことがあります。
「実は、僕は採用のときも人事異動のときも、個性心理学を使っていたんだよね」と。
「もちろん、最初は自分の直感を信じて判断をするんだけど、その答え合わせに個性心理学が最適なんだ」と仰っていました。

その方は初めて個性心理学の本を読んだときに、あまりにも自分の個性診断が当たっていたので、周囲の人を全部調べてみたそうです。するとこれがまた面白いほどピッタリで、以降、初めて会う人は必ず事前に調べるようにしたら、商談が驚くほど早く進むようになったそうです。

もちろん、経営者ともなるとこれまでの自分自身の経験値が大きくものをいうところだと思いますし、ご自分の直感を信じることも大切だと思います。しかし、たとえば参考書や問題集を買ったときに、答えが付いていないと不安になりますよね？　というよりも、もはやそれは問題集としての意味をなしていません。なぜなら答え合わせができないからです。

大手クレジットカード会社が個性心理学を導入して、DM戦略を練り直したことがありました。これまではどの顧客にも同じDMを送っていたものを、MOON・EARTH・SUNで封筒を変えて、中に同封する資料も、それぞれの個性に合わせて変更して発送したところ、レスポンス率が200％になったそうです。

確かに、どんなに素晴らしい内容のパンフレットが入っていたとしても、封筒を開封してもらわないことには意味がありません。個性心理学を活用することで、動機付けが可能となり、相手の興味や関心を惹くことができるのです。

ある美容関係の商材を販売している会社も、顧客の運気に着目して「転換」の年、「転換」の月にだけDMを送るという戦略を取りました。「転換」のキーワードは「変身願望、天使の誘惑」です。自分を変えてみたい、イメージチェンジをしてみたいと思っているところに、「貴女を変えてみませんか？」と書かれたＤＭが届くのですから、顧客のハートが動かされる確率が大幅に高くなるであろうことは想像に難くありません。その結果、この会社では商品の売り上げアップにつながっただけでなく、企画部の発想の枠も大きく広がり、新しいマーケティング戦略を手にすることになりました。

価値観の多様化が叫ばれる現代社会にあって、もうこれまでの価値観やルール、戦略は通用しなくなったということを私たちは理解しなくてはなりません。カンや経験に頼る経営や営業は、いずれ頭打ちになるでしょう。

人工知能やＡＩがどんどん普及していますが、現時点ではコンピューターだけでは人間の個性や運気を把握することはできません。近い将来、個性心理学を導入したＡＩが普及する時代が来るかもしれませんが、それまでの間は本書をバイブルとして、個性心理学を大いに活用していただきたいと思います。経営者やビジネスパーソン自身のストレスが軽減され、人間関係も劇的に改善されることになるでしょう。そうなると、会社の雰囲気が明るくなり、従業員の意識も高まってくるはずです。

１００％能力を発揮している社員など存在しません。大概は、30～40％程度の能力しか発揮していないのです。しかし、個性心理学を活用することで、各人の能力をプラス5～10％向上させられるとしたらどうでしょうか？　間違いなく売り上げも上がりますし、会社の評判も上々になるのではないでしょうか。

個性が車だとしたら、それを動かすためのガソリンは情熱です。どんなに高性能なスポーツカーでも、ガソリンを入れないと走りません。個性心理学はガソリンの中でも、より高品質の燃料と言えます。これまでのレギュラーガソリンからハイオクに替えて、より高性能な走りを実現させてください。

Ｆ１のレーシングカーは、開発にも維持にも莫大なお金とノウハウを必要としますが、個性心理学は本書を活用するだけで結果が出ます。「最小の費用負担で、最大の結果」を引き出すことが可能となるのです。

今回一緒に本書の作成に携わってくれた辻盛英一さんは、個性心理学を１００％活用して結果を出し続けている日本のトップセールスマンです。彼の語る一言一言は、営業の神様からの贈り物と言っていいでしょう。

そもそも、私たちは会社のために生きているのではありません。「倖せになるために」生きているのです。最小単位の家族という集団の人間関係がギクシャクしていたのでは、当然いい仕事などできませんし、働いてくれる社員が元気でないと、その会社はいい会社とは言えないでしょう。

個性心理学を活用して、やりがいのある仕事や理想の会社経営に取り組んでみてください。

業界のスーパースター辻盛英一さんとのコラボで本書に携わらせていただきましたことは誠に光栄です。この場を借りて感謝申し上げます。

個性心理學研究所・所長　弦本將裕

著者紹介

弦本將裕（つるもと・まさひろ）

個性心理學研究所 所長
（一社）個性心理學研究所総本部 理事長
1957年4月29日生まれ。磨き上げられたたぬき
学習院大学法学部卒業後、明治生命（現・明治安田生命）入社。
1997年4月、個性心理學研究所設立。世界で初めて人間の個性を12の動物キャラクターに当てはめた「個性心理學」を発表。著書は65冊。世界14カ国にも展開している。現在は、大手企業をはじめ、病院・学校などで精力的に講演活動を行っている。企業では、「個性心理學」を採用・人事・営業とあらゆる分野で活用。真の「顧客満足度」アップを個性心理學で実現している。

辻盛英一（つじもり・えいいち）

（株）ライフメトリクス 代表取締役
気どらない黒ひょう
大阪市立大学経済学部卒業、三井住友銀行を経てアリコジャパン（現・メットライフ生命保険）に入社。銀行、保険ともに数々表彰されタイトルを獲得。TOT会員。現在は法人専門の保険代理店、株式会社ライフメトリクスを経営する傍ら、営業マン向け研修や講演を多数行い成功を手助けしたり、400社超の企業クライアントに業績向上のスキーム提供を行ったりしている。
また、某大学の監督を11年間務め、２度のリーグ優勝に導いている。現在も高校野球の指導、ワークライフバランスの重要性を自ら体現している。その人柄から、著名人、芸能人とも多数交流がある。著書に『営業は自分の「特別」を売りなさい』（あさ出版）など。

仕事《しごと》は「個性《こせい》」で決《き》まる
～相手《あいて》の個性《こせい》に合《あ》わせて仕事《しごと》をすれば、すべてうまくいく～　〈検印省略〉

2023年　2　月　23　日　第　1　刷発行

著　者――弦本 將裕（つるもと・まさひろ）
　　　　　辻盛 英一（つじもり・えいいち）
発行者――田賀井 弘毅
発行所――株式会社あさ出版
〒171-0022　東京都豊島区南池袋 2-9-9 第一池袋ホワイトビル 6F
電　話　03（3983）3225（販売）
　　　　03（3983）3227（編集）
F A X　03（3983）3226
U R L　http://www.asa21.com/
E-mail　info@asa21.com
印刷・製本　萩原印刷（株）

note　http://note.com/asapublishing/
facebook　http://www.facebook.com/asapublishing
twitter　http://twitter.com/asapublishing

©Masahiro Tsurumoto & Eiichi Tsujimori 2023 Printed in Japan
ISBN978-4-86667-360-8 C2034
本書を無断で複写複製（電子化を含む）することは、著作権法上の例外を除き、禁じられています。また、本書を代行業者等の第三者に依頼してスキャンやデジタル化することは、たとえ個人や家庭内の利用であっても一切認められていません。乱丁本・落丁本はお取替え致します。